新零售时代丛书

C2B定制模式

新零售时代如何满足个性化需求

王先庆 李华 林至颖◎著

NEW RETAIL

中国经济出版社
CHINA ECONOMIC PUBLISHING HOUSE
·北 京·

图书在版编目（CIP）数据

C2B定制模式：新零售时代如何满足个性化需求/王先庆，李华，林至颖著.
北京：中国经济出版社，2018.3
ISBN 978-7-5136-5033-5

Ⅰ.①C… Ⅱ.①王… ②李… ③林… Ⅲ.①零售业—商业经营 Ⅳ.①F713.32

中国版本图书馆CIP数据核字（2017）第314172号

责任编辑 牛慧珍
责任印制 马小宾
封面设计 任燕飞

出版发行 中国经济出版社
印 刷 者 北京柏力行彩印有限公司
经 销 者 各地新华书店
开　　本 710mm×1000mm 1/16
印　　张 15.75
字　　数 190千字
版　　次 2018年3月第1版
印　　次 2018年3月第1次
定　　价 48.00元
广告经营许可证 京西工商广字第8179号

中国经济出版社 **网址** www.economyph.com **社址** 北京市西城区百万庄北街3号 **邮编** 100037

本版图书如存在印装质量问题，请与本社发行中心联系调换（联系电话：010-68330607）

前言

随着移动互联网及智能手机的普及，交易双方信息不对称的局面被彻底打破，再加上各行业产能过剩问题越发突出，交易主导权回归到用户手中。消费需求不断升级以及购买力的大幅度提升，使人们的个性化需求在短时间内集中爆发。在用户需求主导的新商业时代，企业要想在价格战泛滥的同质化竞争环境中生存下来，最为核心的就是充分满足消费者的个性化需求。

事实上，企业界也意识到了用户需求的转变，各大企业纷纷对自身的组织结构、业务流程、营销模式、售后服务等诸多方面进行变革，对用户数据进行收集并分析，让用户参与产品设计、生产、营销等环节，但从本质上来看，这一系列的调整仍是站在企业自身的视角，很难真正满足用户的个性化需求。

在一批批时代弄潮儿的积极探索下，以用户为中心、充分满足用户个性化需求的C2B定制模式应运而生。在C2B定制模式中，产品的功能、形态、材质、价格、配套服务等都由用户决定，人们将自己的个性化需求反馈给企业，然后由企业按单生产、按需供货，这在提升用户体验的同时，也使企业的库存积压问题得到有效解决。

C2B定制模式对企业运营管理过程中的思维模式、竞争逻辑、供应链管理、营销策略等各方面产生了深远影响。在传统工业时代，企业追求规模效益，以流水线生产方式大规模批量生产同质化商品，根本不会考虑用户的个性化需求。但在交易主导权回归用户的移动互联网时代，这种以企业为中心的逻辑显然不再适用。

柔性供应链的打造是C2B定制模式得以落地的重要基础。在产品生产过程中，为了能够对接碎片化、个性化的消费需求，企业必须对产品的各个细节进行动态调整，虽然产品属于同一批次，但经过对细节的调整，能使其在颜色、形状、材质等方面实现差异化。与此同时，消费需求时刻都在发生变化，企业需要随时对产能、产品品类等进行调整，这就决定了供应链必须具备较高的弹性。

C2B定制模式将会引发企业库存管理的颠覆性变革。由于产品生产是由用户决定的，企业是根据用户需求按单生产，不需要提前备货，用户在线下单后，企业再安排生产部门进行产品生产。这使以企业为中心的B2C模式所带来的库存痛点得到有效解决，企业的运营成本大幅度降低，实现低库存甚至是零库存。

C2B定制模式对企业营销也产生了深远影响。在传统工业时代，企业所采用的营销策略是通过垄断性的报纸、杂志等传统媒体对广大民众进行“狂轰滥炸”。但进入移动互联网时代后，自媒体成功崛起，传统媒体的影响力被大幅度削弱，人们身边充斥着各式各样的广告信息，注意力被过度分散，传统营销方式变得不再适用。

从C2B定制模式中演化而来的定制营销，则是将每一个用户视为不同的细分市场，根据用户的个性化需求，进行产品的设计、生产及营销，以差异化的营销解决方案，高效精准地为用户提供满足个性化需求的产品及服务。

定制化，是当前商贸流通领域发展的新趋势，是对整个商贸产业链即批发、采购、分销、零售、物流等的一场颠覆性变革。定制，它直接导致整个市场和经济运行流程的再造，尤其是对传统的生产、交换、分配和消费关系的整体重构，对传统的从生产环节出发以及“以生产为中心”的产业链、价值链、供应链、数据链、创新链的大变革，它涉及的不只是消费者与生产者之间的关系，更涉及大量的中间服务商、半成品制造商等“中间品用户”和“第三方用户”。

C2B作为一种基于互联网的商业范式，复杂性超乎人们的想象。所以，在探索C2B定制模式落地途径的过程中，诸多创业者与企业面临各种困惑与不解，对其中出现的新现象、新难题、新趋势还难以系统地理解。鉴于此，为了帮助相关从业者更深入地理解“定制化”这一大趋势，了解C2B定制模式的真正内涵，并有效解决实战过程中可能出现的各种具体问题，推动各行业和企业真正找到一条适合自身发展的C2B定制模式落地途径，作者根据多年的观察和思考撰写了本书，希望能够给研究者、创业者、企业管理者、大学在校学生带来启示。

本书从C2B定制崛起、C2M个性化智能制造、大规模定制、C2B预售及定制营销等七个维度入手，全方位、立体化、多角度地对C2B定制模式进行了深入分析。考虑到C2B定制模式的复杂性，作者在书中加入很多具有代表性的实践案例，以便读者能够从中借鉴经验，找到解决问题的有效策略。

本书与《新零售》《全渠道零售》一起构成完整的系列，是作者对“互联网+”大背景下商贸流通新生态的系统思考。三本书从不同的角度探讨了“互联网与零售创新”的前沿热点问题。零售是一个行业概念，定制是一个模式概念，渠道是一个形态概念，它们关注和分析的重点内容既相互联系，又各有侧重点和差异。其中，“定制”是最本质、最核心的内容，它对传统零售、传统渠道的冲击也是最大的。“定制”既是新零售的主要特征，也是渠道变革的主要推动力。因此，这三本书的出版，可以说既是王先庆教授2004年策划并作为总主编的《现代零售丛书》（包括《零售采购技术》《零售营销》《卖场设计与管理》《零售连锁经营》《现代零售精要》《零售企业员工培训》）的深化和延伸，也是其长达15年关于零售业及业态、渠道、商圈等相关问题研究成果的提升与总结。同时，本书也是王先庆教授主持的基地重点课题“电子商务背景下商品渠道变革与模式创新”的阶段性成果。

本书是许多业界权威专家和资深从业者长期交流探讨的结果。作为作者之一的王先庆教授，是“2016－2017中国零售业年度人物”，长期与商界打交道，并对互联网背景下华南地区的家具、服装、建材等多个行业的定制化进程进行了大量调研，更是亲自参与到一些企业的商业创新实践中，因此，有感而发。另两位作者分别是渠道和电商企业的负责人，都不同程度地从事过与商品定制相关的实践工作，他们分别承担了本书后两章的写作。

本书是作者近年来推出的多部通俗读物之一。在长期与政府部门和企业从业者交流的过程中，作者发现学术界大量的研究成果，尽管“高大上”，但写作风格过于经院化，过于专业化、学术化、数理化，与日常的思维习惯和语言风格差距太大，影响了传播和交流，尤其是远离了企业实践者对专业理论学习的需求。因此，为了使最新的专业知识让更多的人都能看得懂，并喜欢看，作者尝试着用通俗的语言讲述专业的理论和知识，试图形成一种新的写作风格。

非常感谢来自中国商业联合会、中国商业经济学会、中国连锁经营协会、广东财经大学、广东省商业经济学会、广州商业总会等各地相关行业协会以及香港利丰集团、广州尚品宅配、白马服装市场等商贸企业的各位专家和企业家的支持，感谢华南商业智库、广东省商贸物流与电子商务决策咨询研究基地、广州现代物流与电子商务发展研究基地的专家和工作人员的付出，感谢出版编辑们的辛勤劳动！

目　录

第 2 章　运营实践：C2B 定制模式的落地策略

第 3 章　新制造：工业 4.0 时代的 C2M 个性化智能制造

第 1 章

C2B定制化：用户主权时代的商业新范式

1.1 C2B 崛起：用户需求驱动下的商业模式创新

◎ 何谓 C2B 定制模式

所谓“C2B”模式，即消费者[①]对企业（Customers to Business），是更加契合消费社会和互联网商业特质的一种新商业模式。与以往价值从生产端传向消费端的路径不同，C2B 定制模式里，消费即价值，用户成为中心和主导，是价值贡献者，而企业和机构则变为价值消费者。

C2B 的兴起与互联网的发展密不可分，是互联网从边缘走向中心的必然结果。从国内来看，阿里巴巴是 C2B 的首倡者和先行者。早在 2008 年，马云就提出：“数据经济将推动人类社会进入大变革时代，未来社会的驱动力量不再是石油而是数据；商业交易形态上，随着大数据的发展完善，不再是企业主导用户的 B2C，而是用户改变企业的 C2B。”由此，任何厂商要想在未来成功生存发展，就必须以用户为中心，构建个性化、定制化的生产与服务模式。

① 在本书中，“消费者”是一个相对广义的概念，不纯粹指最终个体消费者，而是泛指有需求的用户，包括大量为生产者和消费者提供中间服务的第三方服务商、中间商，如批发商户、原辅材料商户、中间采购者等。换言之，购买衣服、食品或汽车的个人，固然都是消费者，但同样购买航母、卫星、高铁、芯片、发动机的政府、军队和企业，它们在本书中也是“消费者”。因此，定制同样也适用于它们。

阿里巴巴集团总参谋长曾鸣指出，B2C 其实只是一个过渡性的商业模式，C2B 才是电子商务的真正未来。随着互联网民主化商业时代的到来，消费者的声量越来越大，并成为价值链的第一驱动力。由此，多品类、个性化、小批量、快速反应、平台协作的 C2B 定制化模式将成为未来商业的主流形态。

天猫总裁张勇认为，C2B 是一种以销定产的商业模式，根据实际销售情况高效组织供应链系统进行生产，从而大幅降低库存成本甚至实现零库存。因此，未来电商市场的发展一定是由消费端驱动的。

在互联网消费社会中，用户处于绝对中心和主导地位，企业只有精准把握了消费者的需求和心理，才可能获取盈利。以往商家是借助多种方式收集消费者数据，然后通过对大数据信息的分析整理挖掘和定位消费者需求。与此不同，C2B 定制模式是直接让用户将自己的个性化需求告诉商家，然后由商家组织生产。

当然，由于用户不是专业的产品研发和设计人员，因此厂商需要提前将产品分解为众多子模块，将产品参数发布到网络平台，让用户通过组合模块勾勒出心中的产品。从消费者角度来看，想获得理想的产品，最有效的方式就是直接向商家定制，而 C2B 定制模式中对产品的模块化处理又大幅降低了个性化定制的成本，从而使大规模定制成为可能，也使 C2B 拥有了巨大的市场空间。

C2B 是在互联网整体生态优化成熟的基础上发展兴起的，是传统 B2C 和 C2C 电商模式的补充、优化与升级，体现了消费者在互联网商业中的主体地位，是未来电子商务发展的必然趋势和主流形态。

◆ 李克强总理为何多次提到“C2B 定制模式”

2016 年 1 月 25 日，李克强总理在听取专家学者和企业界人士的意见时指出，企业界代表提出的关于“粉丝经济”和“网红经济”的内容，“实际上就是 C2B，是通过互联网将设计者、生产者和消费者更紧密地直接贯通起来”。

随后，在 2016 年 1 月 27 日的国务院常务会议上，李克强总理再次提到：C2B 就是消费者首先提出产品或服务要求，然后企业据此进行产品的设计与生产。因此，C2B 是一种巨大的变革，企业将真正改变以往“闭门造车”的状态，通过高度开放共享的互联网与市场紧密连接，与消费者实时沟通交互。

李克强总理在 2016 年初两度提到“C2B 定制模式”，自然引起了各方的广泛关注，C2B 定制模式也逐渐走入更多人的视线，成为备受瞩目的新商业模式，甚至被很多人认为是未来电子商务的主流形态。随着越来越多的互联网和传统企业的参与布局，其巨大的发展潜力和价值想象空间是毋庸置疑的，最终必然会对整个商业生态进行变革重塑。

同时，C2B 定制模式也迎合了消费者的多元化、个性化诉求，因此受到消费者的普遍青睐。随着 C2B 定制模式在微观层面的不断成长扩散，这一创新商业形态的宏观价值也逐渐清晰：以大数据为基础实现高效精准的按需生产，成功化解一直困扰传统企业的库存高企问题，推动“低库存经济”时代的快速到来。在我国整体经济结构处于“去产能、去库存、去杠杆”转型升级的关键期，C2B 定制模式带来的“低库存经济”所具有的价值显然是不容忽视的。

◆ C2B 定制模式的特点

C2B 具有临时性、目标性和周期性的特点：

（1）临时性：在 C2B 定制模式中，消费者一端是临时聚合组织起来的，是为了借助集体议价和联合购买的方式提高交易谈判中的话语权和议价权，具有临时性、一次性的特点。

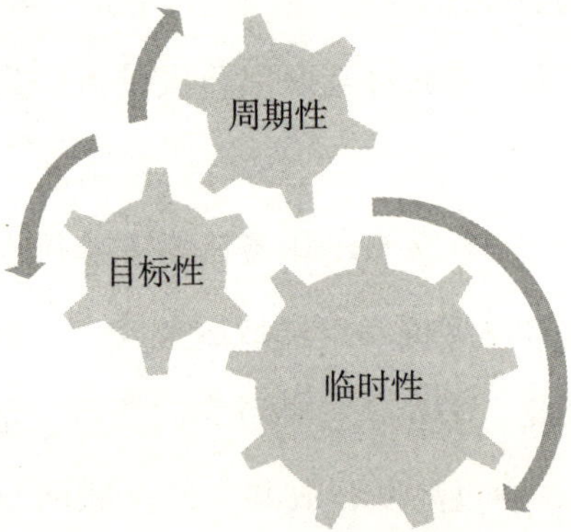

图 1-1　C2B 定制模式的三个特点

（2）目标性：在 C2B 定制模式中，消费者和企业都有着明确的目标诉求，前者希望通过个性化定制获得心目中的产品或者最大的优惠，后者则希望通过降低库存和精准营销获取更大的效益。

（3）周期性：C2B 是消费者周期性地组织起来进行联合购买的过程，基于共同需求自觉组织起来的消费者，联合起来进行集体议价和购买，最终获得理想产品和服务，完成目标，就是一个典型的生命周期过程。

◆ C2B 定制模式的优势

（1）C2B 改变了消费者在电子商务中的弱势地位，真正体现了以消费者为中心的互联网商业价值理念，是一种省时、省力、省钱的电子商务新形态。

★ 省时：消费者不用再花费大把时间去寻找某件商品，而只需将自己的需求信息发布到专门的 C2B 平台中，就会有很多商家主动竞标。

★ 省力：消费者不用像传统购物时那样与商家砍价，只需在发布需求时将自己可以接受的价格标注出来即可，在 C2B 网站中前来竞标的商家自然都是能够接受这一价格的。

★ 省钱：消费者发布需求信息后，C2B 网站中很多有实力的商家会在价格、产品、服务等各方面进行竞标，消费者可以从中选择自己满意的商家进行交易。

（2）C2B 定制模式还大大拓展了企业的利润与发展空间。在原材料价格不断上涨的背景下，企业可以通过 C2B 定制模式实现以销定产，大幅降低库存成本，打通虚拟市场扩大交易规模；同时，借助网络平台还可以大量缩减中间渠道环节，提高厂商的利润空间，减少价格战。

（3）C2B 定制模式为电子商务带来了新的蓝海市场，使电子商务整体系统更加完善，是未来电子商务模式的主流。

◎ C2B 定制模式的基本流程与特征

在传统工业时代，企业很难充分满足消费者的个性化需求，当然在他们的逻辑中也基本不会考虑个性化需求。因为在物质匮乏生产力较低的年代，仅凭借对大众化商品的批量生产就能创造巨额收益。

但进入移动互联网时代后，人们已经进入产能过剩阶段，为了让同质化的商品实现差异化，商家更多的是通过降价的方式吸引消费者，但这极易引发恶性价格战，破坏整个产业生态。而部分企业则通过互联网搜集海量的用户数据，从而分析出他们的个性化需求，实现商品的定制化生产及营销，最终获取了巨额回报，这也预示着以用户需求为中心的 C2B 时代正在向我们走来。

移动互联网及智能手机的出现，使商家与用户可以实现实时交流互动，大规模个性化订单的聚合具备了现实基础。通过 C2B 定制模式预售，不仅解决了困扰商家的库存问题，而且消费者的个性化需求也得到充分满足。目前，在美食、家电、家居、家装、旅游、服装等多个领域都有很多企业正在尝试C2B定制模式。

业内人士指出，C2B定制模式是电子商务未来的一个主流发展趋势。商家在生产产品之前，可以先通过互联网聚合消费者的个性化需求，而且由于互联网的强大覆盖能力，即便是一些个性化需求也能产生规模相当可观的订单，从而有效降低了企业定制生产的成本，在为消费者提供更多让利空间的同时，也为企业创造足够的收益。

◆ C2B定制模式的基本流程

本质上，C2B是一种由消费需求驱动的建立在互联网、大数据、云计算等高科技之上的网络化大规模协同活动。具体的操作流程为：消费者将自己的个性化需求反馈给商家，与商家在价格、物流配送、售后服务等方面达成一致后，进行在线支付。通常情况下，这种个性化需求的订单数量越多，商家的成本也就越低，消费者支付的价格也就越便宜。

C2B的关键点在于，能够将一定规模的消费群体聚集起来成为一个大型采购组织，从而在与商家进行价格谈判的过程中取得优势地位。C2B定制模式打破了传统模式中的商家所拥有的极高的话语权，以前是商家生产出产品后由消费者购买，如今是消费者提供产品需求引导商家生产。

消费者的个性化需求得到了充分满足，而且在产品价格也有效降低，商家无须担心库存问题。由于去除了大量的中间环节，虽然消费者最终购买的产品价格比以前要低，但商家反而能够获得更高的利润。

◆ C2B定制模式的四个特征

具体来看，C2B定制模式主要有以下四个方面的特征：

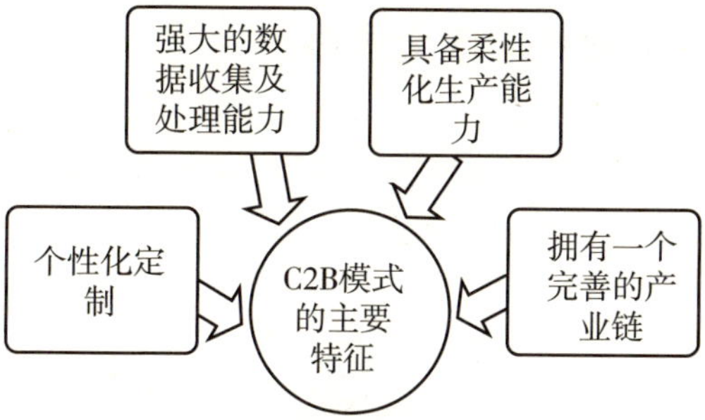

图1－2 C2B定制模式的主要特征

（1）个性化定制。这是最明显也是最为核心的特征，C2B定制模式生产出的商品本身就是为了满足广大消费者的个性化需求。定制电脑、定制家居、定制服装等产品都充分体现了消费者的个性化及差异化需求。

（2）强大的数据收集及处理能力。传统工业时代，商家所采用的是批量化、标准化的B2C模式，在生产、营销、交易、配送等诸多环节中，商家都拥有极高的话语权，消费者只能被动接受。C2B定制模式则是由消费者主导，由用户需求驱动商家进行商品研发生产、营销、物流配送、售后服务等。

（3）具备柔性化生产能力。消费者需求的产品必然要求生产过程中能够对产品的各个细节进行动态控制，这也是企业降低生产成本的关键所在。

（4）拥有一个完善的产业链。除了要让消费者的个性化需求得到满足外，还需要通过优化运力资源、减少中间环节来提升企业效率，降低运营成本。目前，“前店后厂”的全产业链模式是布局C2B的各路玩家所采用的一种主流运作方式。

◎ C2B 定制模式的四大类型

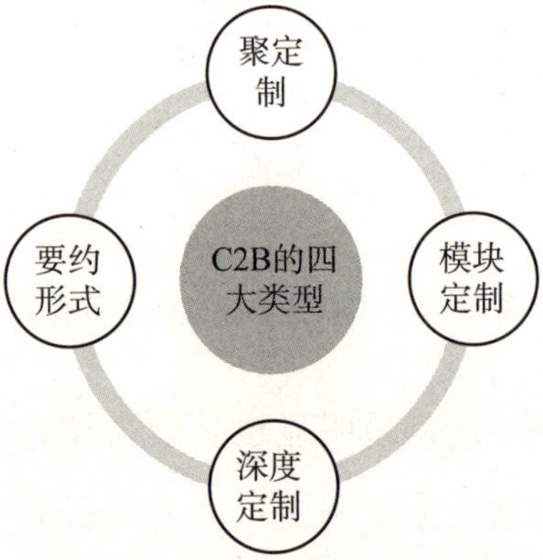

图 1－3　C2B 定制模式的四大类型

◆ 聚定制

所谓“聚定制”，是指首先聚合、分析用户需求，以此为基础组织商家进行批量生产，其次将节省下来的生产、流通和库存成本让利给消费者，实现交易两方的双赢，比较有代表性的是天猫“双 11”活动的节前预售。

其主要流程是，用户在“双 11”之前先缴纳少量定金获取活动当天的优惠名额，然后在“双 11”当天交付尾款，以较优惠的价格获取商品。这种预购模式已成为天猫“双 11”活动的最大亮点，能够为平台聚合更多流量，也为活动当天上千亿元的交易规模奠定了基础。

对商家而言，借助 C2B 定制模式可以提前锁定目标用户群体，有效避免了传统 B2C 模式下盲目生产带来的资源浪费和库存高企问题，从而大幅降低生产经营成本，提高产品周转效率，同时也是构建绿色、节约、环保、可持续的生产方式和商业形态的最佳路径。除了天猫

“双 11”的节前预售，聚划算、团购等也属于聚定制模式。

◆ 模块定制

聚定制模式侧重于 C 端，是对消费者需求的聚合。与此不同，模块定制涉及 B 端产品环节的定制，较为典型的是海尔集团提供的产品定制化服务。海尔是国内首先提出定制概念的家电企业，用户可以通过海尔商城自主选择家电产品的容积大小、调温方式、材质、外观图案等模块，然后海尔公司会根据客户的个性化需求组织生产。

模块定制属于 C2B 中的浅层定制，消费者只能在现有的模块和菜单中选择，而不是为每位顾客提供完全个性化的定制。因为后者涉及对整个供应链的改造，目前还难以实现，当前更多的是让消费者去适应企业现有的供应链，通过模块化、菜单式的选择进行有限定制。

◆ 深度定制

深度定制也叫作参与式定制，即用户参与到产品研发设计全流程中，厂家完全根据用户的个性化诉求进行定制生产，每一件产品都可以看作一个独立的 SKU。当前这类 C2B 定制模式较为成熟的领域是服装、鞋类和家具定制行业。

以家具定制为例，由于城市房价飞速上涨，房屋寸土寸金，因此很多消费者在家具选择上都青睐可以根据户型、尺寸、风格、功能等实现完全的个性化定制，以最大限度地利用房屋空间并满足个性化需求。当前，这种完全个性化定制的模式正快速抢占成品家具的市场份额。

定制家具企业尚品宅配是深度定制模式的典型代表，该企业深度整合 IT 和互联网技术，并借助设计系统、网上订单管理系统、条码应用系统、混合排产和生产过程系统等，有效解决了深度定制的关键难题——大规模生产与个性化定制的矛盾，成为国内定制家具行业的领航者和示范企业。

◆ 要约形式

所谓“要约形式”，即消费者先在C2B平台中发布自己的需求和报价，然后由商家选择是否接受，较为典型的是美国最大的在线旅游公司Priceline。

除了上述几种分类，从产品属性来看，C2B定制模式也可分为实物定制、服务定制和技术定制。服装、鞋、家具等属于实物定制模式。麦当劳曾在美国加州南部市场中开展的“汉堡定制”项目也是实物定制，该项目在iPad菜单中提供20种汉堡配料，用餐者可以按照自己的喜好选择和搭配，从而获得个性化的定制汉堡。同时，菜单中还有三种全新的高价位特制汉堡供顾客选择。

服务定制主要集中在家政护理、旅游、婚庆、会所等中高端行业。小米手机是国内服务定制模式的典范，用户通过小米社区对米柚系统和小米硬件进行反馈或提出自己的想法和创意，以此推动小米产品的优化迭代，获得更优质的产品和服务。

技术定制最引人关注的则是3D打印技术，当前该技术已被广泛应用于航空航天、医疗、食品、服装、玩具等多个领域，在不断拓展应用范围的同时，也对传统制造产业带来了巨大的冲击颠覆。如果3D打印机能够快速批量定制，必然会引发新一轮的工业革命浪潮。

◎ 爱定客：开启个性化定制时代

2012年，全球首个满足用户个性化需求的定制潮鞋网站IDX爱定客正式上线，消费者只需要在官方网站上简单地通过鼠标进行操作，就可以为自己设计一款潮鞋。

据了解，用户可以对鞋子的颜色、材质及涂鸦方案进行设计，并更改鞋带、鞋跟、鞋面、鞋头等 6～10 个部件，更为关键的是，用户可以为自己设计的这款作品加入个性签名。

工厂接到用户订单后，会按照用户提供的设计方案在最短的时间内生产产品，并将其配送到消费者手中。以前，消费者处于产业链的最下游，只能从有限的商品中选择一款相对适合自己的产品，如今互联网的出现却让消费者进入到产业链的各个环节。爱定客的 C2B 定制模式之所以能够落地，主要是因为其做到了以下三点：

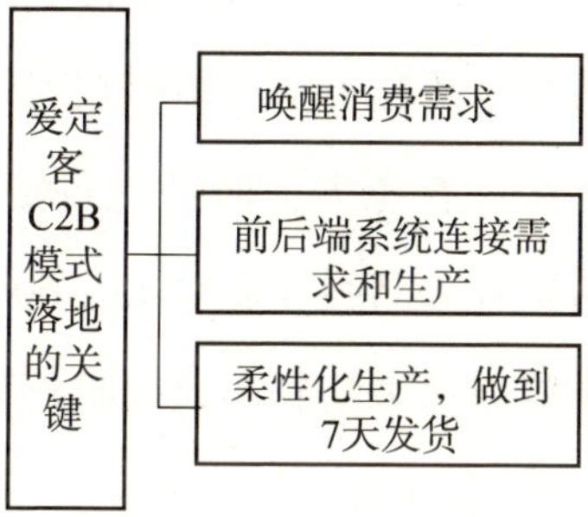

图 1－4　爱定客 C2B 定制模式落地的关键

（1）唤醒消费需求

消费者有时候并不真正了解自己想要什么样的产品及服务，而商家可以实现的就是通过各种手段来刺激并唤醒消费需求。让普通人完全自己设计一款鞋子其实是一件相当难的事情，但如果商家将鞋子的各个部件进行细分，并实现模块化及标准化，再加上为他们提供一些参考方案来引导消费者，他们就很容易创造出一款专属的潮鞋。

此外，自己设计鞋子的满足感及成就感，能够促使用户在各大社交媒体对作品进行传播分享，从而实现“病毒式”营销推广。据爱定客统计的数据显示，来自微博等社交媒体的订单竟然是其官方网站订单的 5 倍之多。

（2）前后端系统连接需求和生产

借助于前店后厂的 C2B 定制模式，生产线的工人可以根据用户提供的设计方案对产品的各个细节进行优化调整。消费者下单后，仅需要 10 分钟的时间，工厂就会启动生产。

（3）柔性化生产，做到 7 天发货

爱定客的生产线具备极强的柔性生产能力，当然相对于电子设备这种精密的产品而言，鞋子本身也算是一种对生产工艺要求相对较低的产品，其柔性化生产难度也相对较低。当爱定客的工人接到订单后，就开始进入生产阶段，一般一周内就可以将鞋子送到消费者手中。

爱定客的发展模式与传统鞋子生产商存在着较大的差异，后者在运营过程中需要承担较高的库存压力，而且利润相对较低。通常情况下，鞋子生产商将产品交付给鞋子品牌商需要 45～60 天，经过 1～2 个月后才能将产品销售完，品牌商从采购到回款的时长为 70～100 天，而爱定客却可以将这一数字压缩到 15 天。

虽然，与其他鞋子生产商相比，爱定客进行产品的定制化生产需要付出比行业平均生产成本高出 20%～30% 的代价，但由于它无须承担库存风险及仓储成本，而且不存在大量的中间环节，反而在让利消费者的同时，为自身创造更高的利润。

1.2 商业变革：C2B 引领个性化消费时代的来临

◎ 从 B2C 到 C2B 的商业范式进化

阿里巴巴总参谋长曾鸣曾在一次演讲中表示，B2C 只是电子商务发展的过渡模式，其背后秉承的依然是传统工业经济时代的生产和商业逻辑。而随着互联网整体生态的优化成熟和消费者声量的不断提高，未来价值创造的源泉和第一推力将来自消费者而非厂商。

因此，以消费者为中心，具有个性化、多品类、小批量、快速反应和平台化协作等特质的 C2B 定制模式，将成为未来电子商务乃至整个商业模式的主流形态。当前越来越多的发展趋势已然表明，C2B 不是一个商业乌托邦，而是电子商务领域中正在兴起的一个新增长点，是极具发展潜力和价值想象空间的新型商业模式。

经过十几年的发展沉淀，我国民众对线上购物早已十分熟悉，同时，网购的便捷性、丰富性、性价比高等优点也让越来越多的人喜欢上了这一消费方式。然而，从商业本质和运作逻辑上看，当前以 B2C 模式为主导的电子商务仍然是基于传统生产零售体系之上的，只不过是借助互联网渠道平台大幅提升了零售效率、降低了交易成本。

随着“85 后”“90 后”乃至“00 后”逐渐成为电子商务的主要人

群，以往基于工业化逻辑的B2C模式已经越来越无力满足新生代消费群体的个性化、多元化、品质化、参与式诉求。这些年轻消费者不愿花费大量的时间和精力在海量商品中一个个地去寻找，而是希望直接与商家“对话”，表达自己的想法喜好，甚至参与到产品价值链中。由此，C2B定制模式应运而生。

与传统B2C模式中先将产品生产出来再出售不同，C2B定制模式是先确定消费者需求，然后以需求为导向进行精准生产，从而减少库存、提高供应链效率。因此，与B2C（企业对消费者）和C2C（消费者对消费者）不同，C2B定制模式中价值链和商业运作的核心从厂商转移到了用户，消费者在整个商业关系中占据主导和主动地位，商家所有的动作都以消费者为导向，以更好地满足用户需求为宗旨。

C2B是一种真正“按需生产”的创新商业模式，将对当前电子商务的发展造成颠覆性变革。有学者指出，传统商业模式中，企业决定生产什么产品以及生产多少。与此不同，C2B定制模式中消费者处于决定和主导地位，由他们首先提出产品诉求，然后企业变革以往的生产与运营方式，实现精准化的按需生产。

当前来看，C2B定制模式的最大亮点是将零散但数量庞大的用户需求聚合起来形成一个采购集团，借助团队与厂商谈判，从而改变B2C等传统交易模式中用户在一对一议价时的弱势地位，在单件产品购买中享受到大规模批发的价格。

对厂商来说，C2B定制模式中商家是根据客户的具体需求安排采购或生产活动，按需定制。因此能够有效解决传统生产零售模式中库存不易控制的痛点，大幅减少库存，提高供应链效率，从而为企业带来更多收益。对电商平台而言，C2B定制模式侧重于通过与消费者的充分沟通、精准定位和深度挖掘用户需求，进行互动式、精准化营销，从而使平台脱离价格战的“泥潭”，实现更高效的销售转化。

可见，C2B是一种企业、用户和电商平台多方共赢的新型商业模式，具有极大的发展潜力和价值想象空间，是未来电子商务的主流形态。

◎ 从“规模经济”到“范围经济”

以福特流水线为典型代表的工业化大生产模式，是在此前百年的积累和福特公司持续不断的创新中逐步实现的。自动化的面粉厂、源起于军事工业的零件标准化生产、肉类加工厂中的流水线作业等，都为福特式流水线的打造和成熟奠定了良好基础。

100多年前，在以公用电力为代表的商业基础设施的有力支撑下，大生产与大零售有机结合的福特式流水线生产模式走向成熟，成为工业经济和工业社会运行的中轴，进而塑造了工业时代的经济结构、商业模式和生活方式。

同时，它也逐渐成为工业时代全社会普遍认同和遵循的商业范式——人们逐渐习惯从这一知识系统的角度去观察和分析世界，并做出最“合理”的商业行动。在这一商业范式中，厂商是价值创造的主体和商业运行的中心，消费者则是产品和服务的被动接受者。

在这种广义的B2C商业范式主导下，直到20世纪六七十年代西方发达国家逐渐进入消费社会，从卖方市场转向买方市场，人们关注的重心才慢慢转移到消费端，“注重售后服务”“提高顾客满意度”“顾客就是上帝”等理念不断出现。然而，受制于工业化大生产的逻辑，对大多数传统厂商而言，这些理念更多的是一种吸引消费者的噱头，而无法真正融入企业实际生产运作中。

与此不同，C2B定制模式虽然还处于培育探索阶段，但已有越来越多的企业看到了这一颠覆性商业模式的巨大价值，看到了一个真正以消费者为中心、精准供需、低库存经济的可能性。从理论层面来看，工业时代的规模化大生产体现的是经济学中的“规模经济”概念，即“小品种、大批量”；而DT时代的C2B定制模式，则更多地体现了“范围经济”的理念——“多品种、小批量”。

个性化需求的不断增多和深度拓展，云计算、大数据等商业环境的优化完善，为C2B定制模式的培育、成长和发展提供了有利条件和坚实支撑。互联网对整体产业链中各个环节的不断渗透融合，使产业价值链中的所有参与者可以通过互联网进行实时充分的商业数据共享，并逐渐形成新的价值协同网，从而大幅提高各方的协同与决策效率，也使以消费者为中心的C2B定制模式有了坚实的基础。

产（B）消（C）两端正在进行新一轮的协同演化：C端消费者借助互联网、云计算、大数据等的充分赋能，其角色行为实现了根本性转变，从被动的接受者变为主动的参与者和创造者；而B端的企业和生产方面，则在C端的倒逼下面临着巨大的变革压力，同时越来越多的企业也真正意识到，以消费者为中心的C2B定制模式的巨大价值和必然趋势。

（1）C端演化：对很多传统企业来说，互联网商业时代的消费者正逐渐成为“熟悉的陌生人”：消费者的角色、诉求、习惯、行为等各个方面都在发生深刻的转变，从单一的、被动的角色变成积极的、有主见的价值共创者。

（2）B端演化：逐渐形成能快速响应市场变化、满足个性化需求的新型价值协同网。在C端消费者借助互联网赋能参与到价值创造过程时，B端的企业便获得了更加丰富精准的消费者行为和需求大数据，进而通过对大数据信息的挖掘分析，构建出更加适应个性化市场的流程系统和网状实时协同价值网。

具体来看，个性化营销、柔性化生产、基于数据共享的供应链系统以及它们之间的深度协同，是 C2B 定制模式运作的内在机制，也是其不断成长发展的基石。

图 1-5　C2B 定制模式运作的内在机制

◆ 个性化营销

云计算和大数据的发展成熟，让以往对企业来说遥不可及的个性化精准营销逐渐成为现实。在今天的 DT 时代，越来越多的企业借助个性化推送、大数据分析、SNS 营销等各种方式进行个性化营销，实现了更大的价值创造和收益获取。

借助不断优化成熟的互联网、大数据，一方面，企业获得了性价比和效率更高的个性化营销方式，从而将分散但数量庞大的个性化消费需求快速聚合起来，形成规模可观的个性化生意，拓展、培育出更多细分市场；另一方面，消费者也能够与商家实时对接，直接向企业表达自己在产品方面的个性化诉求，或者通过不同形式参与到产品价值流程中。

◆ 柔性化生产

柔性化生产是近半个世纪以来制造产业持续进行的变革、创新和演进，其基本要义是不断提高生产制造体系的灵活性，以更好地适应快速变化的商业环境和市场需求。可见，柔性化生产是 C2B 定制模式下实现速度、质量和成本平衡的基础，也是“多品种、小批量”生产形态落地的必要前提。

当前，个性化消费需求的不断增多以及云平台对分散化需求的有效聚合，正倒逼着生产过程向着更为灵活、更加柔性的方向转变，同时3D打印机等各类新制造技术的发展和应用也为构建柔性化生产系统提供了有力支撑。

◆ 基于数据共享的供应链协同

在供应链方面，以往的供应链系统是以核心厂商为主导、以降低成本为导向进行有限协作的线性供应链。与此不同，在互联网商业时代，供应链系统面临着进行“互联网化”变革转型的挑战：基于开放共享的大数据信息实现更加全面、深度的社会化协作，以大幅提高协同和决策效率。

如前所述，随着大数据、云计算的发展成熟，供应链系统中的各个环节和参与者将实现更充分的商业数据共享，并逐渐形成网状实时协同价值网，从而对传统线性供应链系统造成冲击、颠覆和重塑，开放协同的生态圈运营模式也将逐渐代替产业链站位。

◎ 从“批量生产”到“私人订制”

微观企业的发展会对宏观经济的发展产生重大影响，其采用的商业模式是决定一个国家经济发展模式的一大重要因素。而在国内消费需求日益个性化、互联网向各行各业渗透越来越严重的新消费时代，以消费需求为核心的C2B定制模式将会成为未来我国商业模式的主流发展趋势之一，并将对电子商务的发展方向产生决定性影响。

在产品生产环节，互联网中的小批量、多品类、迭代快的消费需求逐渐成为主流，消费者的个性化需求将会倒逼企业对生产流程进行转型升级，从而使自身具备柔性生产能力，进而驱动整个产业链的所有参与者从用户需求的视角来进行思考，进行商业活动等。

大数据及云计算技术在电子商务领域的普及推广，将促使电商企业的运营效率获得大幅度提升。通过大数据技术对用户需求及企业运营数据的分析及处理，将促使用户与用户、用户与企业、企业与合作伙伴之间的信息交互变得更为科学有效，使商业协作的效能产生质的飞跃；而基于云计算技术构建的综合大型云服务平台可以根据个体及企业的个性化需求提供相应的服务。

互联网使以往凭借信息不对等而从中牟利的企业难以为继，不生产产品及服务却从中谋取巨额利润的渠道商与经销商将会被淘汰，企业获取价值回报将会回归到为用户创造价值的本质中来。生产产品及提供服务的企业将会与广大消费实现无缝对接，在双方都能从中获益的同时，也将减少大量社会资源的浪费。

随着相关企业在大数据及云计算技术的商业化应用方面的持续突破，将会有越来越多的商业流程被消费数据所驱动，这种以消费需求为核心、网络化协同作业的商业运作模式，将会成为未来企业界的一种主流形态。

作为一种新型商业模式，C2B 由于标榜“以顾客为中心”，迎合了人们个性化、多元化、定制化、参与式的消费诉求，因此迅速受到广大消费者的认同和青睐。在 C2B 个性化定制模式中，消费者真正体验到了“上帝”的感觉——我需要什么，商家就要生产什么。正是这种在商业链条中从以往被动接受到主动选择和参与的转变，让消费者对 C2B 趋之若鹜。

例如，前几年，聚划算平台与海尔家电推出的一次液晶电视定制活动，就吸引了多达百万人的参与，5 小时内成交额突破 1900 万元，这显然是传统营销模式无法想象的。而众多消费者之所以青睐这种定制化服务，并非是产品质量或性价比更高，而是他们能够获得产品本身之外的更高层次的参与感，可以“自己的产品自己做主”。

不过，当前商家提供的定制化服务多为比较浅层的模块化定制，即消费者只能在商家提供的现有模块和菜单中进行选择，而不是可以完全按照自己的意愿进行设计定制。例如，首先提出定制家电概念的海尔，就是通过让用户在海尔商城中自主选择家电产品的容积大小、调温方式、材质、外观图案等模块的方式为消费者提供有限的定制服务。同样，方太集团曾策划的一个抽油烟机定制活动，也只是让用户在非核心部位的一些模块中进行选择。

多数C2B个性化定制虽然只是为消费者提供了有限选择的权利，但确实在很大程度上凸显了消费者的主体和主导地位，迎合了多元化、个性化、碎片化的消费诉求，并带来了产品价值之外的成就感和参与体验价值，自然受到消费者的追捧。对商家来说，借助C2B定制模式，可以将分散的大量订单集中起来实现精准的按需生产，从而大幅减少库存成本，提高供应链效率，获得更多收益。

当然，C2B定制模式要想真正持续发展下去并最终成为未来电子商务的主导模式，还需要企业围绕消费者需求不断进行整体供应链系统的变革、优化与创新，从浅层定制逐步走向深度定制，为消费者提供更加个性化、人性化的定制服务，以实现更多的价值创造和收益获取。

从“供给驱动”到“需求驱动”

随着传统企业面临的库存压力不断增长及消费者个性化需求在短时间内的集中爆发，使得以用户需求为核心的C2B定制受到了广大企业管理者的一致青睐。

传统企业生产的同质化产品让人们很难真正展示自己的个性化，定制产品甚至一度成为高端消费群体的代名词，定制服装、定制手机、定制汽车等产品的价格要比普通产品高出很多。而近两年，随着行业竞争的不断加剧，越来越多的商家开始尝试 C2B 定制模式，虽然其中很多商家只是让用户在颜色、外观方面进行浅层次定制，但这也让普通大众开始广泛接触 C2B 定制的概念及产品，为即将到来的 C2B 定制时代奠定了坚实的基础。

C2B 定制是一种用户驱动的产品生产模式，消费者参与到产品的设计、制造、定价等诸多环节中，促使商家提供真正满足自己个性化需求的产品及服务，它要求商家以柔性化生产快速高效地满足用户的个性化及差异化需求。

传统工业时代，企业根据自身对市场的判断来生产产品，然后销售给广大消费者。虽然表面上看，产品有着不同的规格、颜色、外观等，但这远不能真正满足消费者的个性化需求。更为关键的是，随着生产力的不断提升以及企业数量的不断增加，供给远大于需求，导致很多企业面临巨大的库存压力，为了走出困境而不得不降价销售，从而使行业陷入恶性价格战。

C2B 定制模式则是消费者在电商平台上根据自身的需求提出产品个性化定制方案，并给出一个心中的合理价格，而负责生产的企业则通过平台提供的沟通渠道或者社交媒体应用等与用户进行交流沟通，引导消费者主动参与产品的设计、生产、定价等环节，实现产品的定制生产。由于 C2B 定制模式中企业生产的产品是直接满足用户需求的个性化产品，从而能够帮助企业大幅度降低营销成本及库存成本。

从本质上看，C2B 定制是一场需求方改造供给方的产业革命，广受企业界追捧的粉丝经济、定制化营销、柔性供应链及社会化大生产等都是 C2B 定制的重要组成部分。几年前，国内电商行业的先行者就认识到了C2B定制模式在信息时代所具备的无穷潜力。

当然，C2B定制模式的构建绝不是轻易就能完成的，它涉及供应链改革、组织结构变革、生产线升级、信息化建设等诸多方面，是一个庞大而复杂的系统工程。戴尔在多年以前就尝试C2B定制模式，但由于当时不具备足够的基础设施（智能手机、移动互联网、在线支付等），C2B定制模式并未得到大规模推广普及。近年来，随着阿里、京东、海尔等企业的不断加入，C2B定制模式开始受到人们的广泛关注。

2014年4月，阿里承包了多家家电品牌的12条生产线，为天猫用户提供定制化的家电产品。一个月后，与阿里合作的这些品牌商开始在天猫平台上销售C2B定制家电产品。与普通的经销商或渠道商为生产商的特供型号的产品包销所不同的是，阿里反馈给美的、九阳等家电品牌商的设计方案是在整合了广大消费者的个性化需求额基础之上。仅24小时的时间，定制小家电产品的销量就达到了18万台之多。

成功转型的苏宁制订了1000万台C2B大单采购计划，并为消费者提供了总额达到10亿元的空调以旧换新基金，美的、海尔、奥克斯、惠而浦、海信科龙等品牌都参与了该计划。之所以会制订该项计划，最为关键的就是通过对广大消费者数据的深入分析，得出了2014年将有1200万台空调需要更换的结果。

不仅是家电行业，3C、服装、家居、旅游、农产品等领域都出现了一些探索C2B定制模式的企业。例如，服装品牌报喜鸟曾经于2014年9月在天猫平台中推出了C2B定制服务，消费者在线下单后，将会有专业的量体师72小时内上门服务，半个月内将产品送到消费者手中。据了解，报喜鸟在全国范围内拥有超过900家专卖店，能够充分满足一线至四线城市的线上购物群体的服装产品定制需求。

1.3 C2B 定制模式的成长逻辑与行业应用

◎ C2B 定制背后的成长逻辑

在互联网商业时代，越来越多的消费者开始厌倦单一同质的产品、服务和体验，转而青睐多元化、个性化、定制化的消费形态，由此催生了全新的 C2B 定制市场。当前来看，这一市场尚处于培育成长时期，离成熟阶段还有很长的路要走，这也为众多参与者提供了巨大的市场机会和发展空间。

不过，要想真正抓住 C2B 定制的发展机遇，在未来市场中拥有一席之地甚至占据主动，需要企业深刻理解和把握 C2B 定制的成长逻辑、增长趋势和当前的竞争格局，如此才能实现更为合理有效的布局。

◆ 定制需求

近几年，随着人们个性化、多元化消费需求的不断增加，C2B 定制市场展现出越来越强劲的发展活力，具有很高的成长性。以服装市场为例，C2B 定制市场包括现成市场和潜在市场，前者指一些追求品质、高端的成衣消费者，已经通过个性化定制的方式购买服装，后者指大部分

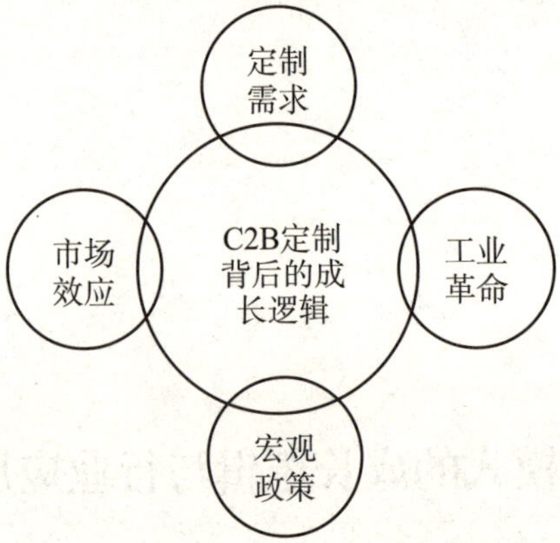

图 1-6　C2B 定制背后的成长逻辑

原有成衣消费者都是 C2B 定制的潜在市场，可以通过有意识地培育引导转化为 C2B 定制用户。

就服装领域而言，大部分服装制造企业都认为转型个性化定制比较容易，因为裁剪缝制衣服并不困难，而近两年也确实涌现了一大批提供个性化定制服务的中小服装企业，使 C2B 定制在服装市场中表现最为明显。不过，个性化定制的真正魅力和价值在于做强产品内容，做好服务，有效解决定制过程中的量体、舒适性等技术问题，为顾客提供优质的一体化消费体验，而这却不是所有企业都能够轻易做到的。

总体来看，C2B 定制的大规模爆发是新一轮的工业革命、信息技术、宏观政策和市场效应多个层面因素综合作用的结果。

◆ 工业革命

互联网信息技术的不断发展推动了新一轮工业革命的到来。美国在工业互联网发展上具有全球领先优势，不仅对传统工业进行物联网式的互联互通，还借助日益成熟的大数据技术实现了智能分析和智能化管理；德国提出的“工业 4.0”战略则引领了全球制造产业的机械化、网络化、智能化、信息化变革，构建了强大的嵌入式和控制设备的先进技术与能力。

我国则提出了“中国制造 2025”行动纲领，借助新一代信息技术与制造业的深度融合，实现智能制造，推动我国从制造大国转向制造强国。

新一轮科技革命与产业革命交互叠加，以互联网信息技术改造升级传统制造产业的智能制造模式成为全球制造产业发展的必然趋势。同时，互联网与传统工业的深度融合不仅使互联网应用从消费端转向产业层面，拓展了互联网产业领域，也为我国整体经济的转型升级提供了新的驱动力量，成为我国工业进行“弯道超车”、在全球新一轮产业变革中占据先机的重要路径。

◆ 宏观政策

2015 年提出的“中国制造 2025”是实施制造强国战略的第一个十年行动纲领，以数字化为核心，融入智能制造、互联制造、个性化制造、绿色制造等多种新理念，并积极推进技术要素和市场要素配置方式的优化变革。

为了推动制造强国战略的顺利落地，我国先后发布了《中国制造 2025》《关于大力推进大众创业万众创新若干政策措施的意见》《关于积极推进“互联网 +”行动的指导意见》等一系列配套扶持政策，以便为传统制造业产业的转型升级和动能转化提供方向引导和有力支撑。

2016 年政府工作报告中，李克强总理明确提出，企业应向更加契合经济新常态要求的个性化定制和柔性化生产形态转型，培育精益求精、追求极致的“工匠精神”，从而推动我国制造产业“增品种、提品质、创品牌”。

◆ 市场效应

随着移动互联网的发展成熟以及智能手机的快速普及，人们的生活方式、消费习惯等都发生了巨大变化，以往在实体门店和 PC 端购买服装的消费者逐渐转移到移动端，从而对终端零售市场造成了颠覆性变革。一个最明显的表现是服装零售市场出现了大规模的闭店潮，进而迫使购物中心、Shopping Mall 等综合零售业态也大量关闭。

据不完全统计，2015 年服装品牌波司登的零售点锐减到 6599 家，同比减少 5053 家，其中自营零售店减少 1296 家，第三方代理零售点减少 3757 家；香港百丽集团旗下的百丽时装品牌 2015 年第一季度在大陆市场中的零售网点减少了 167 家，鞋类业务销量同比下降 7.8%；休闲服装品牌佐丹奴 2014 年闭店 190 家，净利润减少 38%；另一服装服饰品牌步森 2014 年的关店数量也接近百家。

◎ 正确看待 C2B 的内涵逻辑

随着互联网的发展，消费者与消费者、消费者与企业、企业与企业之间的协作效率大幅提升，消费者、企业与供应链企业之间存在的线性关系也正在从金字塔结构或链状结构朝网状结构转变。立体化的网状结构为消费者触发各企业组成的价值协同网提供了机会，为 C2B 的实现提供了极大的可能。

现阶段，很多人都将 C2B 理解为定制，针对特定人群的定制、针对个人的定制。但事实上，定制确实属于 C2B 的一部分，但并不是全部。在 C2B 中也有很多共性需求，很多产品都以标准化的形态存在、流转。但这里满足共性需求的方式与过去的猜测式方法不同，它是从消费者的角度出发，以针对性地产品开发和设计为起点的。

具体来说，判断一种模式是否属于 C2B 定制模式，关键要看在产品定义、产品设计环节消费者的参与权与主动权有多少。假如，企业在产品开发前期对 5000 万个用户的需求进行了调查，总结出来一个 500 万个用户的共性需求，之后以这个共性需求为依据生产了 500 万件产品。对于用户来说，这种产品生产方式就是定制生产、个性化生产，但对于产品生产厂家来说，这些产品依然是标准化产品。因此，在这里需要明确一个“批量定制”的概念。

从本质上来说，C2B 定制模式是一种商业主导逻辑的变化，其核心思想是消费者推动商业活动开展，这种模式与定制有很大区别。现如今的 C2B 定制模式仍处于快速演化阶段，在这个阶段，寻根究底地探究 C2B 定制模式的含义没有多大的意义，不如简单地将其理解为一种无限接近消费者个性化需求的过程。

试想一下，在某个链条的左端是厂家为满足消费者的大众化需求为其提供大批量的、相同的产品，在产业链的右端是生产厂家为满足消费者的个性化需求为其提供定制化商品。简单来说，C2B 定制模式就是生产厂家从链条左端向链条右端靠拢的过程。

企业在探索 C2B 定制模式的过程中，首先要持有长期探索的心态。现阶段，敢于践行 C2B 定制模式的企业大多是初创企业，这些企业在探索 C2B 定制模式的过程中要注意以下问题：C2B 定制模式的探索是一个循序渐进的过程，不能一蹴而就。在探索的过程中，企业不能肆意地炒作概念，强行放大自己，否则将会给企业带来巨大的灾难。

以尚品宅配为例，尚品宅配在探索 C2B 定制模式之前已经在家居行业打拼了 10 年，积累了丰富的经验，之后又在 C2B 定制模式的探索过程中耗费了 5 年的时间，才创造了现在的家居行业 C2B 定制模式。由此可见，C2B 定制模式的探索与构建需要经历漫长的过程，这种模式一旦打通，就会步入快速增长阶段。

另外，在 C2B 定制模式的探索中要打通全链条。在 C2B 业务增长的过程中，如果前方的营销端收集了充足的个性化需求信息，但后方的供应链体系却没有将柔性化生产与刚性生产整合在一起，无法满足消费者的个性化需求，将彻底打乱企业 C2B 定制模式的运行节奏。也就是说，如果企业的整个链条无法将刚性与柔性整合在一起，无法在刚性的基础上保持柔性，就无法满足消费者的个性化需求。

◎ 服装行业 C2B：企业案例与产业格局

◆ 报喜鸟多元化发展 C2B 个性定制

报喜鸟采取的是多元化发展、C2B 全品类私人定制业务，最终目标是构建以产定销、利润高、无库存、资金占用少的运营模式。公司先对时尚潮流元素进行建模、拆解和搭配，并根据基础数据的变化不断更新修正。在用户达到一定规模后，将部件标准化，让消费者通过自由组合标准化部件设计出想要的服饰，以此满足用户的个性化、时尚化诉求。这一 C2B 私人定制模式当前虽处于开发培育阶段，但市场潜力和价值是毋庸置疑的。

2015 年 6 月，报喜鸟集团的全资子公司报喜鸟创投与时装定制公司“吉姆兄弟”达成增资协议，前者分两期共投入 2000 万元对吉姆兄弟公司增资，完成后持有吉姆兄弟网络 35% 的股权。

2015 年 7 月，报喜鸟创投又投资 360 万元完成了对乐裁网络的增资，占有后者 30% 的股权。通过此次增资计划，乐裁网络与报喜鸟将在时装业务方面实现协同合作，前者将获得报喜鸟在研发、生产、物流管理服务等方面的强力支持。

通过 VC，一方面，报喜鸟帮助其他时装定制公司完成融资，并在供应链资源、公司运营、人力招聘、融资组合等方面给予有力支持；另一方面，报喜鸟自身也借助这些战略合作拓展了服装定制模式的发展路径，实现了 C2B 定制的多元化发展布局。

◆ 圆通借壳大杨，入股 INDOCHINO

2016 年 1 月，圆通速递与成衣生产商大连大杨创世初步达成重大资产重组协议，拟借壳上市。大杨创世将与圆通速递共同推进公司现有业务、资产、债务、人员等的置出，再以发行股份购买资产的方式收购圆通速递的股份，并募集配套资金。

2016 年 3 月，大杨创世集团以 4200 万加拿大元（约 2 亿元人民币）的投资入股互联网男装定制创业公司 INDOCHINO，以帮助该公司拓展市场份额、提高产品质量和整体经营效率。而作为传统成衣生产商的大杨创世也借此实现了对 C2B 定制市场的布局。

◆ 天猫定制风范探索之旅启程

阿里巴巴运用“直播 + 主播”的精准营销模式，通过整合诸多服装品牌，推动了服装领域个性化定制的发展。2016 年秋冬新风尚期间，天猫开启了“TMALLMAN 定制周——风范生活由我定”活动，通过设计师、明星、达人参与的全程直播方式，带领消费者走进服装定制世界，直观呈现匠人设计、匠心工艺、匠品体验，让人们更深入全面地了解个性化定制的文化故事。

此次风范探索活动中，天猫重点合作的服装定制品牌包括报喜鸟、九牧王、威可多、红邦创衣、法派、衣邦人、红蜻蜓、金利来、初叁等。

◆ 互联网 + O2O 服装定制成新增长点

互联网整体生态的优化成熟、消费升级以及个性化消费需求的不断增多，使“互联网+O2O定制服务”成为服装领域的必然趋势和新增长点。2015年6月，深耕O2O男装定制的品牌商埃沃裁缝完成了由君联资本领投、IDG跟投的1.5亿元人民币的B轮融资。

2014年12月，专注于中高档服装定制的互联网企业杭州呗嘟科技有限公司成立，创办不到一个月即获得了浙大科发的天使投资，不到2个月又完成了A轮融资，由此受到国内服装定制界的广泛关注。2015年4月，呗嘟科技旗下的高级服装定制服务平台“衣邦人”正式上线，在迅速占领互联网服装定制市场的同时，又实现了在国内主要城市的线下布局，预计产值高达1.2亿元。

互联网信息化技术革命的深化发展为中国传统服装产业突破“天花板瓶颈”提供了机会和条件。借助“互联网+”，服装产业链中的消费者、生产者和市场的关系得以重塑，以用户为中心的新供给体系正逐步形成。

另外，消费者不再满足于被动选择成品服饰，而是希望在服装的面料、款式、工艺、细节等方面拥有更多自主权，甚至参与其中，获得个性化、定制化的消费体验。这些大大推动了C2B定制的发展，使私人订制成为一种备受追捧的新时尚和生活方式，也成为竞争惨烈的服装市场中的一片新蓝海。

从当前的服装个性化制定整体格局来看：

（1）报喜鸟、希努尔、七匹狼、雅戈尔、大杨创世等传统服装巨头已开始通过各种方式布局C2B定制；

（2）以开放性生态平台自居的阿里巴巴也积极进军服装个性化定制这一利基市场，当前已通过“天猫+服装定制”模式帮助报喜鸟、威可多、维欧艾等服装品牌实现了定制化服务；

（3）恒龙、红都、隆庆祥、W. W. CHAN & SONS、红领等专注于高级服装定制的企业，则积极推动自身的互联网化转型升级，以实现服装定制服务的数字化、智能化，优化完善原有的C2B定制模式；

（4）埃沃裁缝、衣邦人、吉姆兄弟、乐裁、帝楷等一批互联网服装定制企业发展迅猛，强势崛起。

随着个性化定制成为服装业发展的必然趋势和新增长点，众多企业纷纷涉足布局，转向服装定制服务。C2B定制的竞争既是对顾客和流量的争夺，也是定制模式和定制技术的比拼，具体表现在：成衣市场与服装定制市场对用户的争夺，线上定制与线下定制的比拼，传统服装品牌转型个性化定制与快速崛起的新兴定制品牌之间的碰撞，服装企业自建定制平台或APP与第三方定制平台合作的竞争，不同定制类别间的内部竞争。

不过，整体来看，我国的C2B定制市场尚处于培育成长阶段，还有很长的路要走，因此最终定制市场的格局如何、谁又能笑到最后，还有待时间的检验。

◎ 快消行业C2B：模式优势与定制策略

2006年，美国《时代周刊》将“YOU”评选为年度人物，意为你我他等千千万万的个人，其背后体现的是“个性化消费时代”的到来。面对市场的快速变化和个性化消费需求的不断增加，一直主打一对一亲情服务的快消企业在实施个性化定制策略时无疑有着巨大优势。

面对愈发激烈的市场竞争和不断增多的个性化需求，企业只有直接与消费者交互沟通，精准定位顾客的真实需求，才能提供更有针对性的产品和服务。

在这方面，快消模式显然比传统营销渠道更具优势，能够让消费者在商业交易之外体验到社会的尊重，为顾客创造更大价值。同时，经过近20年的发展沉淀，快消模式也逐渐从最初的粗放型转向集约型，因此快消企业除了继续完善流程设计、提供极致服务外，还要将消费者的体验升级作为重中之重。

消费者愿意购买某种药品的直接原因包括以下三点：方便、一目了然和品牌忠诚度。方便是药品包装的实惠以及送药上门；一目了然指顾客希望获得更加个性化的治疗服务，以便在专家指导下更快见效；品牌忠诚度则主要源自企业的人性化设计、文化和社会责任。

在上述三个方面，快消企业都有着天然优势。快消的基本形式是借助区域优势，首先满足当地部分消费者的普遍需求和个性化需求，其次通过口碑效应以商圈的形式向其他城市或地域不断拓展。因此，一对一的个性化定制服务十分适用于快消企业。

国内消费市场的规范化和不断细分，要求企业的经营理念从“为大众服务”转为“为部分人服务”。随着市场步入多元化、个性化的小众消费阶段，任何企业都不可能满足所有消费者的需求。因此，企业要精准定位目标消费群体，集中资源精力为目标顾客创造极致体验，通过个性化定制服务充分满足他们的需求，从而不断提升目标消费者的满意度和忠诚度，获得可持续的收益回报。

具体来看，在定制制胜的小众化、个性化消费时代，企业可以从以下几点切入，构建一个适合自身良性长远发展的盈利模式，以便在日益激烈的市场竞争中占据主动。

◆ 消费者定制

在消费者处于绝对中心的互联网商业时代，企业运行必须始终围绕消费者展开，准确获取消费者需求信息。正是由于深刻理解并把握了这一点，戴尔才与多数公司主要进行产品细分不同，将重心放在了顾客细分上，并认为这种细分越深入细致，越能精准预测顾客的消费需求和需

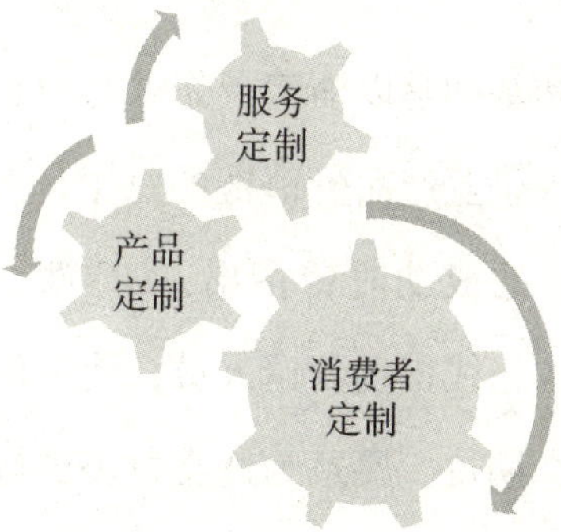

图 1－7 快消企业的个性化定制策略

求时机。

同时，戴尔还跳过中间商直接与消费者交互沟通，一方面有利于消费者得到期望的电脑，另一方面也有利于公司全面深入地了解顾客的多元化、个性化诉求，从而更有针对性地提供精准优质的产品和服务。

就快消企业来看，其商业运作中一对一的个性化服务充分满足了顾客独特的价值诉求，更容易获得目标消费群体的青睐。同时，数据库管理作为快消模式的一个关键点，以往只是局限于对消费者的基础分类，并没有真正从消费者需求出发进行更精准深入的分析。因此，快消公司可以对目标消费群体进一步细分，列出第一、第二人群，找到更精准的产品适应人群，真正实现“消费者定制”。

◆ 产品定制

产品定制能够为消费者提供独占性、唯一性的产品，从而使企业获得巨大的口碑传播价值。同时，产品定制也是一种天然的竞争壁垒，新入局者需要付出更高的代价才能进入。此外，企业如果能借助产品定制与消费者建立强信任关系，牢牢抓住顾客，则产品定制甚至可以作为一种消费特权，为顾客带来更大的体验价值，也使企业获取更多收益。

产品定制的前提和基础是以消费者需求为中心，精准定位消费者需求，并将这一理念融入企业产品价值链的每个环节。彼得·德鲁克[①]在分析 GE（通用电气）的成功时曾指出：GE 站在顾客的角度看问题，在研发设计阶段就引入一线市场营销人员，使工程师和设计师准确了解到消费者对产品有什么期待、愿意为此支付多少钱等个性化信息，从而更有针对性地进行产品研发、设计和生产。

这种以用户需求为中心的理念也同样适用于其他企业的产品定制。例如，很多快消企业敏锐地把握了消费者的需求变化，利用市场调研、会员反馈等多种方式，全面准确地获取消费者的个性化诉求，并积极与研究机构开发更符合顾客需求的产品。

◆ 服务定制

在今天的商业市场中，产品已成为基础设施，企业竞争也更多的是顾客服务的比拼，因此需要企业多方咨询、全面设计，以完善优质的服务为顾客提供更好的消费体验。

仍以快消企业为例，快消的工作重心是服务和体验，但在互联网体验经济时代，服务并不是通常认为的售后和免费赠送，而是企业整体业务流程中不可或缺的关键内容，是重要的业务部门，需要准确把握顾客的品牌情感、可追踪性等各方面的信息，实现与顾客的紧密联结，以帮助企业及时发现并有效应对消费者的产品诉求。

例如，某个产品的目标消费群体中，每个人的消费心理其实都是不同的，这就需要企业对目标群体进一步细分，找到具有较大影响力的核

---

① 彼得·德鲁克（Peter F. Drucker），现代管理学之父，其著作影响了数代追求创新以及最佳管理实践的学者和企业家们，各类商业管理课程也都深受彼得·德鲁克思想的影响。

心消费人群。在市场宣传和产品促销时，通过个性化的定制服务对这些重点消费者进行深度开发维护，提高他们的品牌好感度和忠诚度，进而通过口碑传播对其他顾客产生辐射带动效应。

快消企业在个性化定制方面具有天然优势，因此应通过模式创新而非恶性价格战的方式增强自身的生命力和竞争力，围绕消费者的个性化诉求做好服务定制，积极探索能够实现长远发展的最佳盈利模式。

第 2 章

运营实践：C2B定制模式的落地策略

2.1 C2B 定制模式的运营策略

◎ 搭载 SNS 平台，构建社会化电商模式

C2B 模式的核心是将庞大、分散的且有同质需求的消费者聚合起来形成消费者联盟，通过联合谈判与购买的形式增强消费者与厂商谈判中的话语权，以获取更多的优惠。对厂商来说，只有将分散的订单有效聚集起来，才能够有效解决规模化生产与个性化定制的矛盾，实现低成本定制生产，从而满足顾客的个性化、定制化消费诉求，也使自身获得更多收益。

可见，在 C2B 模式中，一个关键点是能够迅速将大量分散的订单聚合起来，这显然离不开与 SNS 网站的战略合作。即 C2B 企业需要搭载 SNS 平台，探索社会化电商路径。

SNS（Social Network Site）即“社交网站”，是指个体之间形成的社会化关系网络。这一理论最早来自哈佛大学心理学教授米尔格兰姆（Stanley Milgram）的“六度分割理论”——任何两个陌生人之间都可以最多通过 6 个中间人建立某种联系。根据这一理论，当每个个体的社交圈子不断拓展延伸时，将会形成一个巨大的社交网络。

简单地讲，SNS 就是借助互联网平台实现人与人之间相互联系沟通

的社交网站，在这类社交网站中，人们不仅可以与朋友进行分享交流，而且能够不断拓展自身的社交圈子，与陌生人建立连接。当前国内外影响力较大的 SNS 有 Facebook、MySpace、MSN、QQ、微信、微博等。

在这些 SNS 平台上，用户可以分享自己的状态，也可以了解到他人的状态，获取更多信息。同时，SNS 打破了时间与地域的限制，基于共同的兴趣、偏好、目标等将分散的人员聚合起来形成一个个社群或圈子，强化了人与人之间的联结，也充分满足了人们的社会交往、身份认同和情感归属等方面的诉求。

SNS 平台的大量涌现和发展优化，受到人们的普遍青睐和追捧，迅速聚合起大量互联网用户。不过，从商业层面来看，多数 SNS 平台的创收模式比较单一，如何在日益激烈的市场竞争中占据优势、获取更多收益、实现持续成长，成为诸多 SNS 平台面临的首要问题。

另外，C2B 平台如果单纯依靠广告宣传吸引流量，虽然短期内会带来明显成效、拉动销售增长，但由于广告投入比较“烧钱”，长期来看会大幅增加企业成本，也是多数企业无力承担的。因此，将 SNS 与 C2B 有机结合，通过 SNS 吸引和积累流量，通过 C2B 搭建商业出口，无疑是一种双赢的举措。

如果将个人看作节点信息，SNS 平台搭建的是节点与节点连接形成的社交网络。若在这一网络中嵌入商品信息，实现与企业信息节点的有效对接，便形成了社会化电商。在社会化电商中，C2B 平台可以借助 SNS 社交网络实现消费需求的快速聚合，SNS 则可以借助 C2B 平台构建出多元变现路径，增强商业化能力，并与 C2B 形成流量共振，推动 C2B 平台销售的爆发式增长。

“C2B + SNS”的社会化电商模式将成为未来电子商务交易活动的主流。没有 SNS 社交网络，信息就无法及时、有效地在人群中共享传播，有同质需求的消费者也就无法快速聚合起来，进而导致厂商制造的产品不能及时找到买家，使 C2B 的发展陷入困境。另外，若缺少 C2B 模式，SNS 中用户的价值将局限于虚拟的线上阶段，无法搭建出更有效、更具盈利能力的商业模式，将继续受困于“烧钱”竞争。

制造产业只有将 C2B 与 SNS 有机融合起来，构筑社会化电商模式，才能在互联网商业时代存活发展下去，甚至颠覆重塑以往的生产生活形态。

◎ 深度数据挖掘，精准洞察消费者需求

电商 C2B 模式能够帮助企业实现以销定产，大幅降低库存成本、提高整体运营效率。不过，在实际运作过程中，为了保证日常生产的顺利进行以及接收订单后及时组织生产，企业仍然需要提前购置原材料。

这时，如果不能精准地洞察消费者需求和市场变化，就会造成原材料、半成品的库存积压。而在产品不断更新迭代的背景下，积压的原材料和半成品很可能迅速贬值，造成企业损失。因此，企业需要不断增强自身的大数据能力，及时、敏锐地把握市场变化，深度挖掘消费者诉求，为生产供给端的运作提供更加科学、精确的数据支撑。

数据挖掘是指从大量、庞杂、分散和无序的数据中，提取并整合出隐藏的、人们事前不知道的有价值的信息和知识。简单地讲，就是从海量数据中找到和提取出对自身有价值的数据信息，以实现更合理的行动。

随着互联网信息化的普及深化，当前电商平台中已积累了海量的消费者数据信息。而要想将这些碎片化、分散化的信息整合起来，从中精准地洞察消费者的需求，实现商品和服务转化，就需要企业具备强大的数据挖掘和分析能力。

在信息爆炸的互联网商业时代，企业只有对碎片化的消费数据信息进行挖掘、整理、提炼和分析，才能洞察到数据背后隐藏的消费者个性化偏好，从而为产品生产和供给系统的优化提供明确的方向。具体来看，企业可以通过精准定位和分析消费者的基本属性、消费行为等内容构建相应的数据机制。

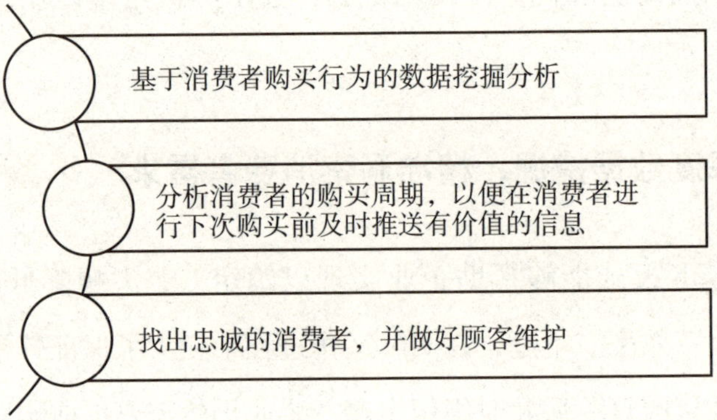

图2-1　基于大数据分析的个性化定制策略

◆ 基于消费者购买行为的数据挖掘分析

消费者购买的产品在某种程度上反映了他们的消费偏好、行为习惯甚至家庭状况等多方面信息。因此，对消费者的连续购买记录进行深度挖掘分析，可以帮助企业获取急需的有价值的用户信息，从而准确地洞察乃至预判消费者需要的产品和服务，实现精准营销。

例如，如果一个消费者近期常常浏览和选购婴儿用品，则很可能该用户家庭中即将迎来新的成员。一段时间后，若该消费者开始购买婴幼儿奶粉、纸尿裤等产品，那么就可以判断婴儿已经出生。另外，分析该用户所购买的婴幼儿用品的价格、品质等信息，还可以了解到用户的消费能力和需求偏好。据此，商家就可以实现更加精准的产品和服务推送。

◆ 分析消费者的购买周期，以便在消费者进行下次购买前及时推送有价值的信息

仍以上述新生儿家庭为例，一方面，商家通过该用户购买的婴幼儿产品判断出有新成员加入；另一方面，消费者的购买记录在某种程度上也是新生儿的成长记录，因为随着孩子的成长，该用户所购买的奶粉品类、纸尿裤型号等也会不断变化。

因此，如果企业能够通过分析消费记录判断出该用户的购买周期，准确预测到该用户下次购买的时间，就可以结合用户的消费能力和需求偏好，提前推送适宜的品牌和型号，取得事半功倍的效果。

◆ 找出忠诚的消费者，并做好顾客维护

随着电子商务市场由蓝海变为红海，流量获取越来越困难且成本不断增加。在这一背景下，对已有顾客的维护和留存就更加重要。对此，企业需要构建一套有效的数据分析体系，对消费大数据进行深度挖掘分析，以洞察消费者的潜在需求和市场变化，实现精准高效营销。

◎ 供应链优化升级，实现“三流合一”

以往的供应链运作逻辑是企业将产品“推送”给消费者，而C2B模式下的消费者则变被动为主动，成为“拉动”企业生产的源泉。随着人们越发青睐个性化、定制化的消费形态，企业需要转变以往的生产运营思维，从生产和产品驱动、将产品“推送”给消费者，转变为以顾客需求为导向，由消费者“拉动”生产。从本质上看，C2B电商模式使供应链中信息流、物流、价值流的动力源从生产端转移到消费端。

这显然对企业的整体供应链能力提出了更高的要求。总体来看，企业需要从以下角度发力，加快供应链优化升级，实现柔性化生产，以更好地适应快速变化的个性化消费诉求。

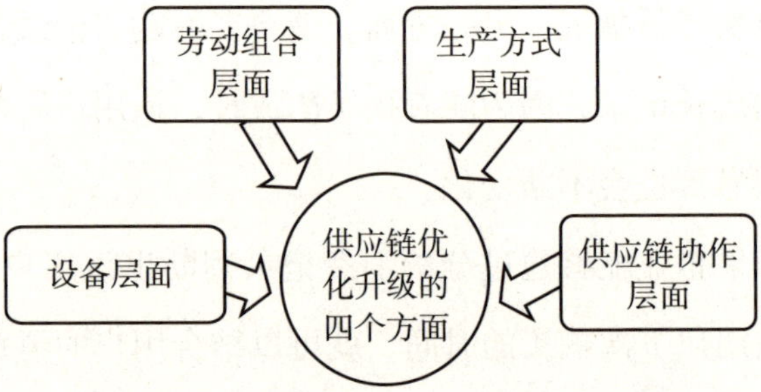

图2-2　供应链优化升级的四个方面

（1）设备层面。企业涉足C2B个性化定制市场，需要能够适应柔性化生产的相关设备和技术。电商C2B模式的快速崛起和普及，进一步推动了各行业向买方市场的转变，消费者成为生产的驱动力量，特别是C2B平台聚合个性化需求形成的消费者联盟，推动了柔性化生产设备和技术的普及。同时，为了满足小批量甚至单件产品的个性化定制需求，企业还需要引入具有较强综合生产能力的小型设备，以弥补主干生产线在小批量产品生产方面的不足。

（2）劳动组合层面。企业要基于工人的能力特质，积极开展适应性劳动组合训练，改变以往成员固定于单一角色岗位的状况，让员工在多工序、多作业平台中进行锻炼，以增强工人的适应能力，可以根据生产线的即时调整快速投入到生产活动中，从而缩短产品周期、提高运作效率，有效满足多品类、定制化产品的生产要求。

（3）生产方式层面。主要是解决个性化定制与标准化生产之间的矛盾，简化生产流程。企业通过分析整合消费者分散化、碎片化的需求，构建产品设计库，将产品分解为不同的单元，实现标准化、模块化。

在设计端口，消费者可以根据产品设计库中的模块和样板，自主进行个性化的组合设计。在生产端，借助互联网和 IT 技术，消费者的个性化组合被转化为生产车间中具有不同编码的板块，这些标准化板块被批量生产后，再按照消费者的个性化设计组合成成品送到消费者手中，如此便解决了个性化定制与批量生产之间的矛盾。

（4）供应链协作层面。互联网商业时代开放共享、合作共赢的特质，改变了以往“小范围协作、企业主导消费者”的局面，高度开放、无边界的社会化大协作时代已然来临。电商 C2B 模式的快速兴起改变了以往相对固定的设计、生产、供应、营销的协作关系，基于 C2B 供应链协同平台的更加灵活、开放和社会化的协作关系逐渐成为电子商务的主流合作形态，也更加适应柔性化、定制化生产方式的变革与演进。

◎ 小狗电器：C2B 定制模式的运营实践

在我国经济发展的过程中，传统制造业始终占据着重要地位。受经济危机的影响，国内整体经济增长缓慢，海外市场的拓展情况也不容乐观，而国内传统制造业因缺乏创新，导致产品间无明显区别，销售方面面临诸多变动性因素。

国内电子商务在 2008 年之前尚处于早期发展阶段，其新兴模式受到市场的广泛认可。当市场发展趋于稳定，仅通过线上渠道进行产品销售不足以使企业从众多竞争对手中脱颖而出。部分企业抓住先机，依托电商运营过程中收集的海量数据，对其运营系统实施改革，并加强产业链各个环节的联系。

还有部分企业，根据电商市场的发展规律，在产品及业务方面进行颠覆性改革，针对主流市场之外的消费者提供产品及服务，允许用户参与企业的生产环节，采用 C2B 定制化模式组织生产。

吸尘器品牌“小狗电器”是这方面的典型代表。1999 年，小狗电器注册成立，该企业先是通过连锁专卖店、百货商店为消费者提供产品，后于 2003 年停止在百货渠道的产品销售，并于 2007 年停止在线下渠道的经营，转入电商渠道。

抓住电商发展先机的小狗电器实现了业绩增长，于 2010 年被授予“淘品牌”的称号。该生产商曾发起万人定制活动，体现出该品牌对电商化运营的把控。小狗电器在电商运营过程中的一些经验，或许能给其他企业带来有益启示：

（1）传统渠道突破。开拓电商渠道：由于实体销售渠道需要投入大量成本，小狗电器开始进行电商渠道拓展，并通过这种方式实现了成本控制。

（2）打造独立的线上商业模式。小狗电器以网络销售为核心，形成独立的线上销售体系，在产品研发方面投入更多精力，依托线上渠道进行产品销售、品牌宣传，从与顾客维持长期互动关系，与代工厂建立合作关系，在长期发展过程中形成完善的电商生态系统，保证其商业模式的开展。

（3）根据消费者意见改进商品，使消费者参与生产环节。企业采用电商化运营方式，能够在短时间内收集消费者的意见，并据此对自身的产品及服务进行优化。小狗电器在产品设计中加入了消费者反馈意见，使升级后的产品更符合市场需求，这方面的代表有除螨吸尘器、静电猫狗刷等。

（4）试水 C2B 模式。小狗电器曾联合淘宝平台推出万人定制团购活动，并采用预售方式调动消费者积极性，体现了该品牌在 C2B 领域的试水。尽管制造商可通过电商平台集聚消费者的个性化需求信息，但从现阶段的发展情况及供应链体系来看，要根据用户个性化需求进行小批量生产仍有难度，企业需在原有基础上优化供应链及自身运营模式。

2.2 个性化零售：新零售时代背景下的电商变革

◎ 个性化零售：电商驱动的零售变革

现如今，消费者对产品或服务的个性化需求日益强烈，个性化定制产品和服务日益深受消费者青睐。电商驱动下的零售变革正在悄然开展，根据客户需求定制产品或者服务的时代正在逐步逼近。随着社会发展，个性化定制已经成为一种全新的商业模式，指导商业活动有序开展。

◆ 网购手段的不断革新

受移动互联网快速发展的影响，智能手机、平板电脑开始介入网购活动，移动终端取代 PC 端成为网购的主要渠道，为消费者带来更加自由的消费体验。各大电商平台不仅为用户提供了购物服务，其即时通信、信息分享等应用还满足了用户的社交需求，移动支付、金融管理等服务也满足了用户的快捷支付需求。

在这些应用的支持下，用户对电商平台的黏性大幅增强，企业之间、企业与客户之间的关系得以彻底改善。电商技术革新使网络商品的个性化定制服务吸引了更多用户关注。

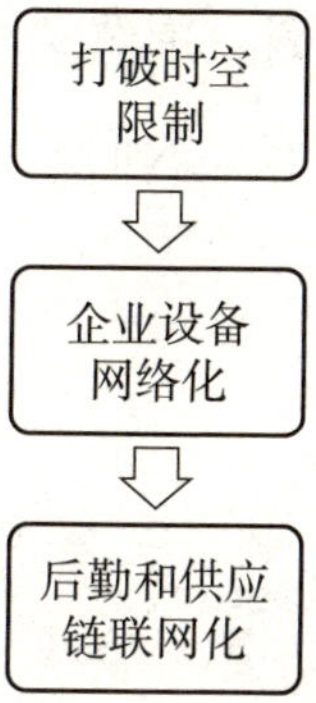

图 2－3　电商技术催生个性化定制模式

（1）打破时空限制

网络购物的全天制在线服务为消费者购物带来了极大的方便，无论何时何地，只要移动设备能接入网络，消费者就能借助移动终端搜索、浏览想要购买的商品。同时，消费者无论身居何处，只要其移动设备能接入网络，就能使用移动终端与商家进行实时交流，打破了传统购物的空间限制，使买卖双方的空间距离大幅缩短。

（2）企业设备网络化

随着技术的发展，计算机控制的工业机器与设备实现了普及应用，装配生产线的快速调整变得日益简单。随着条形码扫描仪的推广和应用，企业能对每个产品及部件的流通进行实时跟踪。企业拥有的数据库能存储海量信息，借助数据库，企业能将顾客的选购信息或产品定制信息存储下来，通过分解下单实现定制化生产，推动产品上架。

（3）后勤和供应链联网化

在网络终端软件的作用下，产品生产与产品销售实现了协调。在网络技术的作用下，个性化定制有了实现的可能。

◆ 消费者对个性化产品的需求

随着社会生产的不断进步和物质文化水平的不断提升，人们能获取的、可支配的商品资料日益增多。消费者的异质性需求日益强烈，开始主动追求个性化产品。总体来看，人们的个性化产品需求主要包括以下两方面内容：

图2－4　消费者对个性化产品的需求

（1）产品功能特性需求个性化

对于同一类商品，不同的消费者其消费需求也不同。对于专业级的消费者来说，那些能满足他们个性功能需求的产品对他们有强大的吸引力。在商品研发的过程中，产品功能个性化是一项非常重要的内容。

（2）产品样式个性化

产品样式包括产品尺寸、产品颜色等多种内容。受产品应用环境及消费者审美差异的影响，人们对产品样式的需求有很大差异。单就服装产品来说，消费者要想塑造个性化的形象只能选择不同的服装搭配，但是对于时尚消费者来说，这种方式已不能满足其需求了。

◆ 企业发展的内在需要

现如今，商品市场不断细分，给批量生产、规模化生产带来了极大的考验。面对海量的产品及激烈的市场竞争，产品生产企业亟须借助个性化定制赋予产品强大的市场竞争力，吸引消费者，满足消费者及细分市场对个性化产品的需求。这种市场变化主要表现为：市场日益多元化，借助重复制造相同产品来压缩成本的产品生产模式已不再适用，商品市场中的不可预测因素越来越多，产品开发周期及生命周期发生了很大的变化。

面对这种市场变化，企业要想继续保持竞争优势，获取利润，就必须不断地对市场进行细分，定制商品为该问题提供了解决方案。个性化产品定制直面客户，其利润较高，市场反应速度较快，为了满足市场需求，相关企业必须不断提升个性化产品定制能力，满足企业的发展需求。

◎ 网络商品个性化定制的特点与策略

网络商品个性化定制指的是以消费者为主导开展的商品定制，消费者在其中的地位也从被动接受转变为主动参与。在此过程中，商家为消费者提供了多种商品属性选择，允许消费者参与半成品的设计与制造，在参与的过程中消费者可将个人需求与偏好融入其中，从而获得满足其个性化需求的商品。

网络商品个性化定制是一种网络营销服务，在这种模式下，借助电商平台，商家可为消费者提供一种满足其个人需求的产品或服务。

目前，国外已经出现了一种能为消费者提供个性化定制服务的企业电子购物平台，借助该平台，企业能为消费者提供极致的服务，获得广泛的社会认同，获取诸多经济效益和社会效益。

以戴尔公司为例，戴尔公司以注册用户为导向，创建了一个能为用户提供个性化定制服务的网络购物平台。借助这个平台，戴尔公司能满足全球用户个性化定制计算机的需求，经过一段时间的积累，戴尔公司能准确把握用户的个性化想法和需求，能在很短的时间内为用户提供满足其配置需求的产品配置服务和其他增值服务。

近几年，在我国商品市场中，个性化定制这种商业运作模式迅速发展，备受广大商家追捧。如淘宝，其定制销售自推出以来就取得了非常好的成绩。另外，中国的个性化定制市场还吸引了诸多大型跨国企业的关注，不仅加速了网络个性化定制的本土化，还推动了国内电商市场中网络个性化定制的发展。

2005年，谷歌收购Zazzle的这一举动吸引了众多想要进入中国电商市场的企业的关注。Zazzle网站能为消费者提供一些简单的在线定制服务，如T恤定制等。受Zazzle的影响，国内很多电商平台也开始为消费者提供咖啡杯、小礼品的定制服务，如布丁网、卡当网等。除此之外，淘宝网为消费者提供定制服务的商家也有了一定的规模。

◆ 个性化定制的特点

个性化定制有四个特点，分别是以用户为中心、针对性、交互性、精确性。

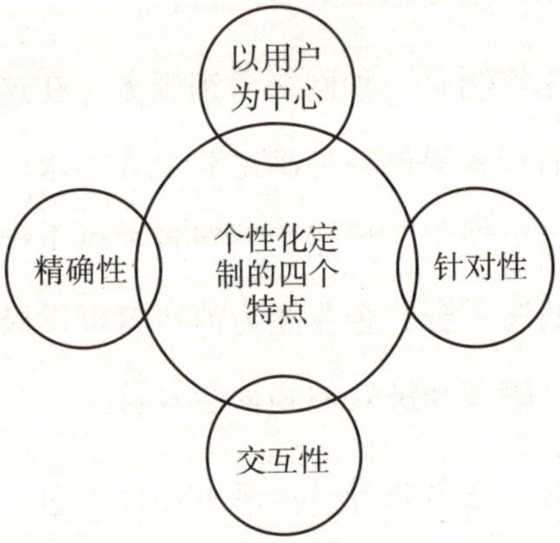

图2-5 个性化定制的特点

（1）以用户为中心：一切个性化定制服务的前提都是方便用户操作，满足用户需求。企业以用户为中心，对其行为进行研究，为其提供个性化定制服务。

（2）针对性：用户及用户群体不同，企业所采取的个性化定制服务策略也不同。企业对不同用户的用户需求、需求变化、用户个性与特点进行深入分析，以分析结果为依据为用户提供不同的信息和服务。

（3）交互性：借助网络，用户可以向商家表达自己的需求，对产品及服务进行反馈，表达自己的见解与评价，以提升服务质量，满足用户需求。

（4）精确性：企业能够为用户提供精确的信息与服务，如根据用户要求采取相应的方式，在指定时间到指定地点为用户提供服务等。

◆ 个性化定制产品策略

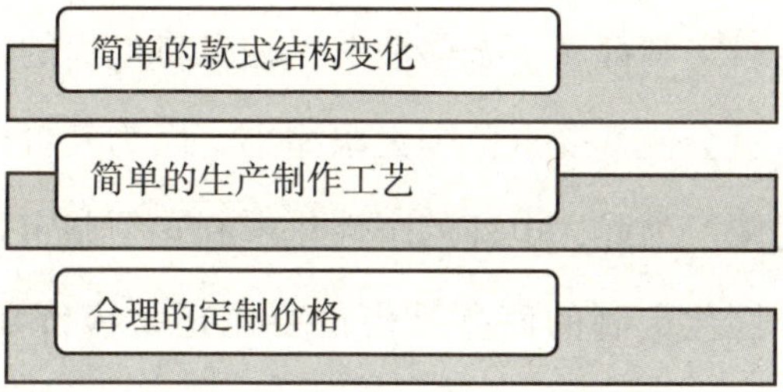

图 2－6 个性化定制的产品策略

（1）简单的款式结构变化

以服装为例，从服装款式来看，现阶段电商能为消费者提供个性化定制服务的服装款式都比较简单，这些简单的服装款式不仅能增强用户信任，经过个性化设计的产品更能被用户接受，使成交率得以大幅提升。另外，这种简单的款式结构还能有效降低商家面临的生产压力。为了满足用户的定制需求，在线定制网站会提供几种基本款式供消费者选择，而不是为消费者提供成百上千种不同的款式。

（2）简单的生产制作工艺

一般来说，消费者在线定制商品只需简单几步就能完成。首先，选择服装的型号和款式；其次，选择服装面料和颜色；最后，为商家提供特殊的设计或者图案。线下的制作技术也非常简单，但具有浓厚的个性化意义。例如，个性化定制一款水杯，其制作过程可能就是在普通水杯上加印用户提供的照片或者图案，制作过程非常简单，但个性化意味十足。

除此之外，简单的个性化定制商品与互联网技术相结合，借助 3D 展示、计算机成像技术、虚拟效果图将产品更加真实地展现出来。正是受这一原因的影响，工艺简单的服装产品备受商家喜爱，使服装的个性化定制生产发展得更加成熟。

（3）合理的定制价格

在很多消费者心目中，定制往往与高级定制联系在一起。对于很多消费者来说，高级定制都属于奢侈消费，如果将电商的个性化定制纳入高级定制体系，就会使其受众范围大幅缩小，因为其价格超出了大多数消费者的承受范围。为此，电商的个性化定制必须制定合理的价格。

在国外，个性化定制的商品其售价要比正常售价高 10%，但是其价格一定在大多数消费者可接受的范围内。例如，在 Zazzle 定制一双 kids 鞋的价格大约为 60 美元，在 Cafepress 定制一件 T 恤的价格大约为 30 美元等。这种合理的定价使个性化定制被广大消费者接受，使定制脱离了奢侈消费的范畴。

C2B 个性定制模式落地的运营关键

个性化定制是 C2B 最重要也是最吸引用户的内容，即 C2B 的产品要满足不同用户的个性化诉求。从 PC 时代的 DIY 攒机发展出的定制电脑，到智能手机用户自己刷 ROM、设计手机外观等，消费者对产品和服务的个性化需求越来越强烈。

不过，C2B 个性化定制的前提是用户的个性化需求可以被模块化，便于进行批量生产，以实现低成本定制，这也是 C2B 个性化制定与传统的小众化高成本定制模式的区别所在。

因此，C2B 个性化定制其实是将产品进行模块化处理，然后让用户像在餐馆点菜一样选择不同的模块组合成理想的产品。例如，C2B 定制手机，其实就是将外观、硬件、软件、配件和服务等模块化，让用户自主组合模块设计出想要的手机，同时这些标准化的模块是可以进行量化生产的，从而实现 C2B 个性化定制的大众化和低成本。

传统生产模式下遵循的是大规模、标准化、成本导向的 B2C 运作模式，厂商驱动和主导整个价值链条，是从生产端向消费端的传递。与此不同，C2B 个性化定制则是以用户为中心，以消费者需求为起点和导向，由消费端到生产端的传导。

因此，C2B 模式需要企业具备强大的数据收集、整合、分析与处理能力，能够根据消费者大数据信息精准定位和挖掘市场需求，进而以用户需求为导向安排生产，并借助批量生产降低个性化定制的成本。

C2B 个性化定制离不开专业规范的服务支撑体系。以戴尔电脑的定制化服务为例，很多人曾认为在戴尔网页中选择机箱、CPU、主板、内存、硬盘等部件与用户自己攒机类似，只是电脑部件的自组搭配。然而，戴尔电脑的定制化模式不仅是简单的硬件搭配，背后还包含着软件、维修、咨询、行业解决方案等个性化服务，而这些是以专业规范的技术服务体系为坚实支撑的，远非市场中的小商家能够完成的。

从企业角度来看，C2B 个性化定制一方面可以更好地满足用户的个性化需求，另一方面还能够通过缩减中间环节、减少库存成本提高企业利润率，给用户更多让利。因此，在 C2B 模式中，前店后厂的全产业链能力十分重要。

以全球首先推出手机个性化定制的青橙手机为例，该手机不仅有自己的销售渠道和生产基地，还具有强大的用户需求分析和产品设计团队，能够精准地把握用户需求痛点，并实现模块化设计。这种对全产业链的有力掌控，为青橙手机提供大规模个性化定制服务奠定了坚实的基础，也是那些只做前端预售或后端外包的厂商无法比拟的，是一种真正意义上的C2B模式。

总体上看，C2B不仅仅是简单的个性化定制，更是消费社会中以用户需求为中心、消费者驱动和导向下生产与经营理念的重塑，是深层次的商业模式变革。另外，互联网、移动互联网整体生态的不断优化成熟，为C2B模式的全面爆发创造了有利条件。

◎ 淘宝：个性化定制运作模式

在国内，或者说在亚太地区，淘宝网都是最大的网络零售商，其业务模式涵盖了C2C、B2B两大范畴。该网站整合了众多品牌商和生产商，其商品种类异常丰富，满足了消费者一站式购物需求。在个性化定制方面，淘宝网也汇聚了一批规模庞大的商家及用户。下面以淘宝网为例，对电商的个性化定制运作模式进行解析。

◆ 淘宝网个性定制服务模式

（1）网页个性化功能

淘宝网有一些个性化的功能，如收藏夹、浏览及购买历史、商品个性化选择等。

首先，收藏夹功能。收藏夹可以说是淘宝用户使用频率最高的功能之一，用户在浏览商品的过程中可以将喜爱的商品收藏，放到收藏夹中，可以随时翻阅、购买、查找相似产品、快速搜索等。

其次，浏览及购买历史。用户浏览或者购买过的商品，淘宝系统都会自动记录下来，为消费者提供比较。

最后，商品的个性化选择。用户在浏览商品的过程中可以查看产品的颜色或者型号，进行个性化选择。例如，用户在浏览某款鞋子的过程中，可以选择合适的鞋号、喜爱的颜色等。

（2）个性化商户服务

在淘宝网搜索“个性定制”可检索出上万种结果，而且支持定制的产品种类非常丰富，有服装、礼品、相册、水杯、手机壳、喜糖盒等，其中以个性化定制礼品最受欢迎。由此可见，在淘宝网中存在大量能为用户提供个性化定制服务的商家。

（3）个性化消费群体

在网购用户中，年龄为18～35岁的用户比重高达70%。近年来，随着移动网络的升级及智能手机的普及应用，使用手机购物的群体数量日益增多，个性化消费群体规模逐渐扩大。

◆ 淘宝个性化定制服务的优缺点

（1）优点

淘宝网个性化定制服务的优点主要有以下三点：

★ 操作简单：用户只需简单几步（选择款式、型号、颜色等）就能完成个性化定制。

★ 互动直观：用户移动光标，产品画面就会随之发生变化，用户在定制之前就能直观地看到产品定制画面。另外，多元化的定制功能还能让用户通过网页拼接出自己喜爱的图案和色彩。

★ 界面美观：在淘宝网的定制界面中，很多产品的图片都非常清晰和真实，唯美的定制界面吸引消费者浏览。

（2）缺点

淘宝网个性化定制服务的缺点也有三点，分别是：

★ 速度缓慢：受宽带速度和文件大小的制约，个性化定制操作难以做到快速浏览和快速操作。

★ 真实体验感较差：淘宝网的个性化定制不能为用户提供试穿服务，用户只能通过观看模特所展示的效果来判断这款产品是否适合自己，该问题严重影响了消费者的定制信心。

★ 定制产品价格昂贵：相比规模生产，定制生产的成本必然较高，其商品价格也较高。高昂的产品价格使个性化定制的推广受到了一定的影响。

◆ 淘宝个性化定制对企业的运营启示

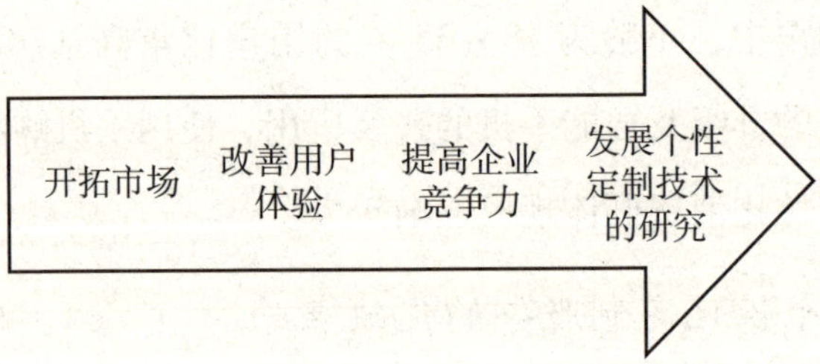

图2－7 淘宝个性化定制对企业的运营启示

（1）开拓市场

在激烈、多变的市场竞争环境下，随着虚拟购物网络、电子信息技术、第三方担保交易模式的发展，企业不得不加强对消费者的研究，将产品开发与客户的个性化需求联系在一起，为客户提供满足其需求的产品和服务，以提升市场竞争力，抢占市场份额。在这种情况下，随着市场不断细分，个性化定制对市场的适应性也越来越强，渐渐成了一种重要的营销手段。

（2）改善用户体验

现阶段，很多商家都借助网络平台为消费者提供个性化的定制服务，但这些商家的个性化定制服务深受商品生产的限制，只能在有主体产品的情况下，通过修改参数、设定选项来实现个性化定制，我们将这种定制模式称为选项式定制模式。在这种定制模式下，购物信息的传达只能是表单中某些选项的选择，用户不能充分参与产品的定制生产，通过这种模式生产出来的产品也难以满足用户需求。

部分企业率先开发了自己的电商平台，为消费者提供在线互动及销售服务。但很多企业的电商平台只展示图片，并且所展示的图片不能对产品的本来面貌及特征做出真实的反映，难以满足客户需求。

新型的个性化定制系统有效地解决了这一问题，为消费者提供了真实的购物体验，增强了定制过程的交互性、真实感和实时性。消费者能够通过参与产品设计实时看到产品定制结果，有效地增强了用户体验，吸引了众多消费者参与、尝试。

（3）提高企业竞争力

在数字技术的基础上形成的企业产品个性化定制，能借助精准的统计及预测获取用户需求趋势，加大产品研发设计，开拓市场，挖掘消费者的设计潜能，为企业提供精确的需求信息，为企业产品创新提供灵感、明确方向，缩短产品创新周期，降低产品创新成本，提升企业竞争力。

（4）发展个性定制技术的研究

企业要加大在网站流程设置、关键多媒体技术应用及功能构建领域的研究，以客户需求为导向构建产品定制体系，将个性化定制网站及页面作为客户与企业沟通的桥梁，帮助企业借助关键多媒体技术组织产品生产、做好产品宣传，实现规模定制生产。

2.3 传统企业如何实现 C2B 定制模式转型

◎ 价值协同：推动企业供应链转型升级

C2B 作为 DT 时代一种重要的商业模式，受到互联网公司、传统企业、消费者等越来越多的关注和青睐，同时众多先行者也已向人们展现了 C2B 定制模式巨大的发展潜力和想象空间。

（1）前端：C2B 定制模式通过提供标准化模块让用户自主组合，或者直接吸引消费者参与到产品的研发、设计与生产环节，满足了消费者参与商业价值链以获取更多价值体验和成就感的诉求。

（2）内部：C2B 定制模式大幅提升组织能力，借助“平台 + 前端”等方式帮助企业或商家精准对接个性化需求。

（3）后端：持续优化调整供应链，使之更具灵活性、更加柔性化，甚至最终达到每一位消费者的个性化定制需求都有相对应的一条供应链的理想状态。

不断涌现的各种具有 C2B 属性的商业创新，其内在演进逻辑是以消费者为中心，从前端消费波浪式、倒逼式的传导向中端和后端，最终形成更加适应个性化市场的价值协同网。

这一演进态势在我国网络零售领域最为明显。互联网渠道平台将分散但数量庞大的个性化需求进行聚合、分类、呈现和对接，这些个性化需求对电子商务平台上的销售终端形成倒逼压力，并传导向单个企业，促进企业内部生产和管理方式的柔性化变革，进而推动企业供应链系统乃至整个产业的优化升级，最终形成快速响应市场变化和个性化需求的价值协同网。

当前来看，围绕消费者展开的 C2B 定制模式，仍然局限于部分商业环节的创新、探索和尝试，而很少出现从全链条维度出发的商业模式创新。同时，行业属性和竞争结构的差异，也使不同行业中的 C2B 特性有着不同的体现形式和程度。例如，流程相对简单、用户体验要求较高的服装产业，在 C2B 定制模式的发展上要领先于汽车、家电等领域。

当然，对所有行业来说，C2B 定制模式的未来蓝图是相同的：消费者处于中心和主导地位，价值创造的主体和驱动力量从生产端、厂商转移到消费端、消费者。这也是当前所有 C2B 先行者在模式创新和路径探索时秉承的基本原则——以消费者需求为核心与导向，通过多种手段与消费者进行沟通交互，让消费者参与到产品研发、设计、生产过程，并借此倒逼自身在生产、管理、供应链系统等诸多方面的变革重塑，打造灵活、柔性的生产和供应系统。

总体来看，C2B 定制模式在电子商务领域中的发展历程包括三个阶段：

（1）处理存货和尾货阶段，主要任务是解决工业经济时代规模化生产导致的库存高企问题；

（2）电子商务模式发展成熟、成为主流渠道和常规生意的阶段，主要表现为越来越多的企业通过电子商务平台发布新品，并逐渐将其视为核心发布渠道和场所；

（3）真正进入大范围、深度化的商业模式变革，具有 C2B 属性的各种创新性商业模式不断涌现。

虽然国内的C2B定制模式仍处于起步探索阶段，面临诸多发展痛点，但众多先行者的不断探索和创新，无论最终能否成功，都会为后来者提供一定的启发借鉴，从而持续推动C2B定制模式的成长成熟。

进阶路径：企业探索C2B定制模式运营思路

企业在C2B定制模式探索的过程中需要对发力点进行探索与分析。例如：

（1）企业要站在消费者的角度思考其是否愿意为个性化产品或者服务支付较高的溢价，如果愿意，企业要找到这个切入点，提升客单价。

（2）企业要站在制造成本角度，构建平台化、模块化的后端，以有效控制定制化生产带来的成本增幅，以降低制造成本。如果这一目标能实现，C2B定制模式就可以有效运转。

（3）企业要站在效率提升角度对C2B定制模式进行思考。在C2B定制模式中，消费者与企业直接联系，企业能及时获得消费者对产品或者服务的反馈，以这些反馈为依据对产品和服务进行改进。在这种模式下，企业需要构建一个科学的机制来及时对消费者的反馈做出响应。

（4）企业要站在库存角度对C2B定制模式进行思考。在C2B定制模式下，企业能够实现以销定产，实现零库存运转，降低财务成本。

现阶段，很多传统企业对C2B都不甚理解，一不小心就会陷入“看不见、看不起、看不懂、学不会、动不了”的恶循环。事实上，传统企业对C2B的这种反应是很多企业面对颠覆式创新的自然反应。面对C2B定制模式，传统企业要做好以下几点工作：

（1）企业领导者要重视C2B，有意识地去探索C2B、接近C2B。

（2）企业要做好组织转型工作，为 C2B 新业务的开展提供充足的空间。

在这个阶段，企业可能会面临一大风险，就是当 C2B 新业务在企业销售份额中占据一定比例时，企业的传统业务就会受到威胁，企业内部的惯性思维将压倒 C2B 思维，旧的利益体系将重新覆盖新的利益体系。在这种情况下，企业就要面临是坚持 C2B 定制模式，还是重回旧业务模式的艰难选择，很多企业的 C2B 转型都败在了这个环节。

对于某一行业落实 C2B 定制模式的难易度，相关人员可从两个维度对其进行考察。一个维度是行业的基本结构，需要对产品的标准化程度、行业集中程度等指标进行考察；另一个维度是消费者对该行业个性化需求的空间。如果消费者为该行业定制化产品支付溢价的意愿强烈，就能在很大程度上减轻企业践行 C2B 定制模式的成本负担，就能缩短资金回笼周期，利用充足的资金来推行 C2B 定制模式。

以海尔为例，海尔推行的“人单合一、倒金字塔”等变革与 C2B 定制模式非常相似，海尔在变革的过程中面临着诸多挑战。海尔所处的家电行业集中度高、规模经济要求高、产品标准化程度高，相较于个性化需求异常敏感、行业集中度低的服装行业来说，海尔探索、推行 C2B 定制模式将在前期面临巨大的挑战。但是如果海尔能跨越这一困难，成功推行 C2B 定制模式，就能带领我国的制造业步入一个新的发展阶段。

未来，C2B 定制模式会进一步发展，其市场份额、影响力等因素将持续上升，但 B2C 模式也不会消失。此外，原有的 B2C 模式还将被 C2B 定制模式改造。

从现实情况来看，每当新技术和新模式出现时，率先做出反应的往往是小公司、创业公司，大型企业受原有的、成熟的商业模式的制约，面对各种创新往往有心无力。只有当 B2C 和 C2B 定制模式的对比达到某个转折点时，C2B 定制模式才会催生出一批拥有强大竞争力的企业。但从一般规律来看，这种转折需要历经很长一段时间才能实现。

◎ 突破瓶颈：企业 C2B 转型中的五大痛点

作为时代潮流引领者的互联网企业对于 C2B 定制模式有着极高的兴趣，我们看到以天猫为代表的传统 B2C 电商平台为用户开辟了预售板块；响应网为用户提供定制旅行服务；爱定客为用户提供在线潮鞋定制服务；当家物业网则为广大用户提供送水、送外卖、洗衣服等定制服务。

当然，采用 C2B 定制模式也存在前提条件，例如，能够聚合一定规模的订单、具备柔性化生产能力、能够将定制生产的成本控制在一定的范围等。

虽然 C2B 定制模式一直在强调由用户主导，但消费者的个性化需求能否真正通过互联网聚合起来由商家变为现实，目前似乎存在许多阻碍。目前，很多商家提供的定制产品仅局限在产品外观、颜色等较浅的层次，虽然表面说是满足个性化需求，但商家选择接受的也是那些达到一定规模的订单。

所以，一些业内人士在媒体中对这种看起来十分美好，实则停留在概念阶段的 C2B 定制模式进行了指责。确实，C2B 定制模式是由用户提供需求，并给出价格，但能否生产，生产出的产品是什么样子，如何定价等方面的主动权都在商家手中。

在实践中，由于消费者的需求十分多元化及差异化，导致商家整合消费需求时存在一定的难度，而如果商家无法对某种需求聚合足够的订单，就会导致商品成本大幅度提升。消费者如果不对这种个性化进行一定程度的妥协，就必然要为增加的成本埋单。

总体来看，C2B定制模式中，服务定制已经较为成熟，而技术定制尚待关键技术的突破和时间的积累。因此，当前发展的瓶颈和难点主要集中在实物定制方面，主要表现为：

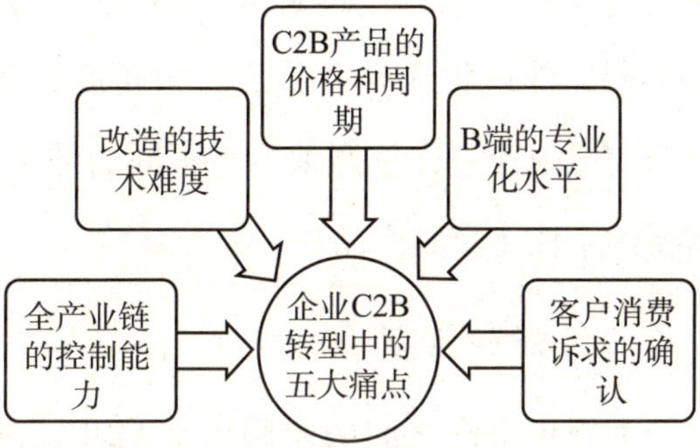

图2-8　企业C2B转型中的五大痛点

◆ 全产业链的控制能力

C2B个性化定制不仅要求供应端的高效快速反应，而且是对全流程中每个环节的变革优化，要求企业具有强大的全产业链控制能力。例如，国内首先推出定制手机概念的青橙，由于控制了设计、渠道、营销、品牌、生产等全产业链，因此能为柔性化生产提供坚实支撑；而多数品牌手机厂商由于将生产外包，因此对供应链的掌控能力较弱，并不是真正意义上的C2B个性化定制。

同样，近两年快速兴起的服装和鞋类定制互联网企业，也是通过对生产、渠道、营销等全流程的控制、整合与再造，才构建出了更具竞争力的C2B定制模式。

◆ 改造的技术难度

与传统制造模式的批量化、标准化生产不同，定制化生产需要为每一件产品独立建模，这意味着整个生产流程的颠覆再造，因此需要企业具有更强的研发设计与生产能力，因为个性化定制要同时考虑到产品的可配性与生产的可行性问题。

国内家具定制的领导者尚品宅配对这一问题的处理方法是，利用IT和互联网技术将每个客户的订单拆解为不同的单元板块，对每个板块赋予独立的条形码，然后将众多订单中的相同板块合并起来批量生产，之后再像中药铺抓中药一样按照编号将不同的部件重新组合起来，最终形成顾客需要的个性化家具产品。

◆ C2B 产品的价格和周期

个性化定制与大规模生产之间的矛盾仍是 C2B 定制模式的核心难题，特别是复杂的定制流程常常导致过高的产品价格，最终使个性化定制成为少数人才“玩得起”的小众产品。例如，以往定制一件服装，从最初的客户需求沟通、量体裁衣到最后的产品交付，常常要经过十几道工序，效率低下，价格也不是普通大众所能承受的。

另外，从生产周期上看，客户下单的零散性、无计划性也为厂商安排生产和供应链备货带来了更大挑战。而尚品宅配的成功正是得益于其通过技术改造，将家具定制的生产周期从以往的 40 天缩减到了 10 天，并且实现了零库存，从而大幅降低了成本。

◆ B 端的专业化水平

C2B 充分体现了消费者的主导与核心地位，但很多时候消费诉求是模糊不清的，甚至消费者本人也不十分明确到底想要何种产品或服务。因此，消费者在参与 B 端设计制造的过程中，顾客本身的专业水平以及他们是否会有足够的兴趣和耐心，也是企业构建 C2B 个性化定制时面临的一大难题。这就需要企业不仅具备专业化的设计生产水平，更要具备与客户深度沟通的能力，能够精准挖掘和定位用户需求，并引导用户积极参与到 B 端环节。

◆ 客户消费诉求的确认

客户消费诉求的确认包括两个方面：C2B 的一大优势是能够实现以销定产，因此需要首先确定消费者需求，如此才能真正发挥出个性化定制的巨大价值。其次是如何将分散的客户订单聚合起来，实现量化生产。即 C2B 是将庞大、分散的用户群体聚合起来向商家发出需求信息，然后再由企业根据汇集起来的大量订单组织生产。

◎ 传统企业转型 C2B 的实践启示

C2B 定制模式通过多种方式吸引消费者参与到产品研发、设计与生产环节，不仅能够更精准地对接需求市场，为消费者带来多元化的价值体验和成就感，也能够让企业获得更多的灵感和创新源泉，借助“群体的智慧”推出更优质、更受市场青睐的产品。

例如，以“时尚、独立、女性”为主题的潮流时装品牌七格格，通过举办“潮流 T 恤大赛”的方式吸引了众多消费者的关注和参与，收到参赛作品近万件。参与设计大赛的人既有专业的服装设计师，也有涂鸦爱好者，当然最多的还是七格格品牌的普通粉丝。设计大赛评选出胜出方案和作品后，七格格会投入生产，将它们转化成终端产品进行销售。一些好的作品两个月的销售量甚至能够达到上千件。

与此类似，美国在线创意 T 恤销售平台 Threadless 为全球草根设计师提供施展才华的舞台，并让消费者为不同的设计图案评分，然后将一些得分较高的 T 恤衫生产出来。

2012 年 3 月，美国定制礼品网络零售商 Cafepress 在纳斯达克上市，市值达数亿美元。Cafepress 主要为用户提供设计、购买和销售 T 恤衫、帽子、手袋、马克杯、汽车贴纸等个性化礼品的服务。用户既可以直接在该平台上选购其他用户设计并授权出售的个性化商品，也可以借助 Cafepress 的辅助工具自己设计和订购想要的礼品。同时，Cafepress 还允许用户在商场中建立专卖店去售卖自己设计的个性化产品。

除了富有创新精神的互联网公司，很多传统大型企业也看到 C2B 定制模式的巨大价值和必然趋势，积极参与布局。例如，在国内首倡“定制家电”概念的海尔集团，让用户在商城中自主选择不同的模块组合成想要的产品，然后下单进行家电定制。再比如，上海大众允许经销商根据消费者需求随时提报或修改订单，其未来目标是让消费者直接在公司线上商城中自主选配车辆。

在模块化定制方面，埃沃男装、植物语以及奥克斯空调等品牌是该领域的先行者。埃沃男装创始人何冠斌指出，国内绝大多数男性白领在服装个性化定制方面的需求其实并不复杂。因此，埃沃将衬衫分解成领口、袖子、版身和后摆等几大模块，然后结合市场流行款式在每个模块中都提供几种不同的样式供用户自主选择和组合，以此实现定制化服务。

同时，埃沃还通过简化定制所需的相关信息进一步优化用户体验。例如，进行衬衫定制的消费者只需填写身高等几个体型方面的问题，并选择图画中的身形，公司的 IT 系统就会基于存储的会员数据进行自动匹配，且匹配数据准确率高达 90%。前端制定完成后，后端埃沃的 IT 系统会将衬衫每个部分的尺寸、用料等信息发给供应商，供应商收到订单后按照定制要求迅速组织生产。消费者在埃沃男装定制一件衬衫后，一周时间便可拿到手。

与埃沃类似，植物语护肤品牌通过“N + 1”模式为消费者提供个性化定制服务。公司将护肤品成分划分为主料“1”和配料“N”两类，其中配料有 40 余种，包含美白、保湿、控油等不同功效，顾客则可以根据需要自主选配主料和配料。

空调、彩电等大型家电产品也多采用模块化定制。2013 年 7 月，奥克斯联合淘宝聚划算团购平台推出了“空调玩定制，万人大团购”活动，让用户通过投票的方式决定空调的外观、功能、功率等特性。根据淘宝公布的数据，团购正式开始 10 分钟就出售了 1223 台空调，并吸引了 60 多万人次的拜会。第一天结束时的销量更是达到了 1 万台，是实体卖场销售速度的 28 倍。

在此之前的 2012 年 9 月，国内首倡“定制家电”理念的海尔就在聚划算平台上推出了三款定制彩电。先由 100 万名天猫网友在 8 天内投票选择彩电模块：尺寸、边框、清晰度、能耗、色彩、接口等，然后海尔基于票选结果组织生产。该活动以预付定金的团购方式进行，彩电价格被划分为三个梯度，团购的人数越多价格越便宜。最终，团购正式开始 5 小时就有超过万人购买定制的统帅彩电，交易规模达到 2000 多万元。

第 3 章

新制造：工业4.0时代的C2M个性化智能制造

3.1 工业 4.0 引领中国制造业 C2B 转型

◎ 柔性制造：互联网时代的制造业变革

我国是一个制造大国，市场规模在国际市场中长期名列前茅，但绝非制造强国，尤其是在国际经济持续低迷的宏观背景下，我国制造业的高污染、高耗能、缺乏自主创新能力等短板愈发凸显。

互联网与制造业的融合，使产业链各个环节的沟通壁垒被打破，需求方与供应方能够实现无缝对接，以消费需求为核心的 C2B 模式实现快速崛起。当然 C2B 模式的真正落地，需要企业根据市场动态变化快速制定应对策略，打造出充分满足用户个性化需求的柔性供应链。

显然，这与传统工业时代以企业为中心的、强调大规模批量生产的 B2C 模式存在本质上的差异。从传统 B2C 模式转变成为 C2B 模式，产品生产、营销推广、支付交易、售后服务等诸多环节都发生了重大变革。

◆ 中国传统制造业面临的问题

传统 B2C 模式之所以强调大规模批量生产，是为了尽可能地控制标准化产品的生产成本、扩大产能。因为当时的生产力相对不足，人们的需求又十分庞大，商家生产出来的产品能够很快被销售一空。而且由于人们购买力有限，只重视产品的实用性与耐用性，至于能否满足个性化需求根本不在考虑之列。具体而言，传统制造业存在的问题主要体现在以下三个方面：

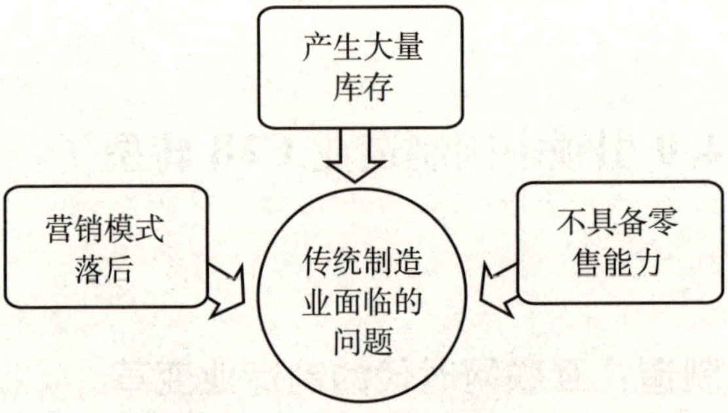

图3－1　传统制造业面临的问题

（1）传播渠道及媒介垄断被打破的宏观背景下，传统制造企业使用报纸、杂志、电视等传统媒体，对消费者进行狂轰滥炸已经很难取得预期效果。

（2）在传统的B2C模式中，各环节存在严重的沟通壁垒，很容易出现库存积压问题。由于我国已经迈入产能过剩时代，而且同质化竞争十分严重，如果企业不能快速高效地将自身的产品推送到目标群体面前，很容易被其他竞争对手抢占先机，导致自身承受极高的库存压力。

大量中间环节的存在，一方面，使处于上游生产环节的供应商，无法及时了解动态变化的消费需求；另一方面，从工厂开始生产产品到配送到零售商手中，也需要一段较长的时间，从而导致企业在市场竞争中极为被动。

（3）传统制造企业缺乏零售能力。传统制造企业普遍缺乏零售能力，它们生产的产品需要经过层层分销才能达到消费者手中。大部分制造企业对于搭建零售体系的价值缺乏足够的认识，通常是在产品研发及分销体系建设方面投入大量的资源与精力。

◆ 柔性制造：互联网时代的制造业变革

进入互联网时代后，交易主导权开始回归需求方。物联网、大数据等新一代信息技术的应用，使制造企业与终端消费者之间的无缝对接成为可能。用户数据、市场变化、竞争对手策略调整等各类信息，能够被实时传送到上游的制造企业手中。

制造企业也可以根据用户需求，来调整产能、配置仓储及物流资源，产品不再是大规模的批量生产，而是根据市场需求按需供货。制造企业与上下游合作伙伴通力合作，共同为消费者提供优质产品及服务，产品供应变得更加协调、更为灵活。

柔性制造强调供应链具有较强的弹性，能够根据消费需求变化，对产品生产进行优化调整，可以有效满足小批量、碎片化的市场需求，而且采用严格的品质控制体系，能够做到保质、保量的及时供货。对于制造企业来说，柔性供应链的打造，使其在获取大量长尾订单的同时，降低库存风险。

传统制造企业采用的产品同质化竞争、大规模批量生产及狂轰滥炸式营销的发展模式，根本无法做到柔性生产。互联网尤其是移动互联网的出现，使广大消费者的个性化需求在短时间内集中爆发，新的销售及生产模式也随之而来。在淘宝平台中，小批量、多品类、快速迭代逐渐成为一种主流发展趋势。

（1）柔性化生产

柔性化生产在企业界的应用越来越普遍。以服装行业为例，很多服装品牌商每周上新的新品数量达到数十种，而且每种新品刚推出时，都

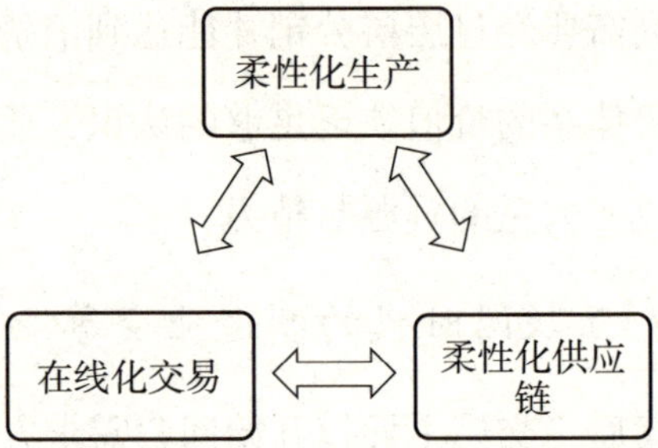

图 3-2　柔性制造：互联网时代的制造业变革

是仅生产 50~100 件。服装品牌商将产品投放到市场后，便会通过各种方式搜集用户反馈信息。

例如，分析用户在淘宝中的搜索、评论、收藏等相关数据，可以了解到消费者对这些产品的喜好程度，产品可以在哪些细节方面进行改进等，将这些数据提供给产品设计及生产部门后，就可以对产品品质进行改善，调整产能等。

工厂和品牌商之间通过实时分享库存及销售信息，可以更为科学地制订原料采购计划，增加或者关闭生产线来优化产能。如果某些产品成为爆款，就可以快速进行翻单，争取抓住短暂的窗口期，最大限度地释放其潜在价值。

（2）柔性化供应链

放眼到整个世界市场，在绝大部分企业仍在沿用传统的生产模式之时，ZARA、丰田、沃尔玛等品牌已经实现了产品的柔性化生产。这些品牌商无一例外地对用户数据有着强大的搜集、分析及应用能力，以柔性化供应链快速灵活地满足消费者的个性化需求，并且获得了远高于行业平均水平的利润回报。

在互联网崛起的背景下，大数据、云计算、物联网等新一代信息技术，在各行业的应用程度不断加深，使越来越多的中小企业也能够实现柔性生产。尤其是以线上交易为主的互联网企业，由于营销、交易等环节主要就是在线上完成，所以，它们可以通过搜集并分析目标群体的相关数据，来对产品的销售情况进行精准预测。

（3）在线化交易

以阿里旗下的“淘工厂”项目为例，淘工厂作为一种阿里巴巴为电商卖家和优质生产商打造的开放平台，其对生产商完成电商化转型，搭建出覆盖线上及线下的柔性供应链具有强大的推动作用。利用淘工厂这个开放平台，将擅长电商运营的电商卖家与精通供应链的优质生产商连接起来，通过二者的资源互补，为网购群体提供优质的产品及服务。

◎ 内在逻辑：工业 4.0 与制造 C2B 的关系

李克强总理在 2016 年国务院政府工作报告中指出，利用信息网络等现代技术，推动管理、生产及营销模式变革，重塑供应链、产业链及价值链，改造提升传统动能。而 C2B 与工业 4.0 解决的就是利用物联网、大数据、云计算、人工智能、移动互联网等新一代信息技术，重塑供应链、产业链及价值链的问题。在 C2B 模式中，供应方也就是制造者将根据需求方的要求生产消费品及装备品。

制造企业在市场中扮演的角色发生了重大变革，它们不能像以前一样埋头搞生产，而是要利用互联网与市场实现无缝对接，与广大消费者进行实时交流沟通。

2014 年 11 月，中德双方共同发布的《中德合作行动纲要：共塑创新》中明确指出，中国与德国将在工业 4.0 中展开密切合作。本质上，德国提出的工业 4.0 战略，是为了通过高度定制化及个性化的柔性生产制造，提升德国工业在世界市场中的竞争力，引领新一轮的工业革命。

那么，工业4.0和C2B之间到底存在着怎样的联系呢？

本质上，C2B是一种基于互联网的“技术—经济范式”，以消费需求为核心是其最大的特征，也是它与诞生于传统工业时代的B2C模式最显著的区别。著名的演化经济学家卡萝塔·佩蕾丝（Carlota Perez）强调“技术—经济范式”包含一套标准的技术及组织原则，是一套最优的解决方案，是某种社会文化，也是一种思考问题的方式。也就是说，商业范式比我们经常提到的商业模式的内涵要宽泛得多。

从这个角度上，我们可以将B2C视为以生产商为核心的商业范式，供应方主导、大规模批量生产标品、广泛撒网式营销、庞大而复杂的层级分销网络是其基本特征，这与需求方主导、柔性生产、精准个性化营销、去中心化的C2B模式形成了强烈的对比。C2B之所以能够上升到商业范式的高度，是因为C2B并非是简单地表现在实物商品层面，而是在商业社会的各个方面都能得到深层次体现。

在教育领域，慕课（MOOC）就是C2B模式应用到教育行业的典型代表。它利用大范围、精细化及开放性的线上课程体系，来充分满足消费者碎片化、个性化的学习需求。春雨医生等移动医疗APP产品，围绕用户合理配置医疗资源，打破了传统医疗模式中将医疗机构作为核心的产业生态。众筹等互联网金融模式的出现，使每一个个体都能利用专业的平台发布创意项目，通过社交媒体平台整合碎片化资金，最终将梦想变为现实。

工业4.0虽然主要涉及工业领域，覆盖范围远不及C2B广泛，但二者在内涵方面存在诸多相似之处。社会各界已经逐渐认识到，新一轮工业革命，绝非是类似前三次的以提高生产效率为核心的车间内部革命，而是一场跨越工厂边界的颠覆性变革。

工业4.0是从终端消费者的利益出发，而不是为了提升供应方的产能。它通过为需求极为个性化及碎片化的消费者提供定制产品及服务，来赢得其认可及信任，并打破产业链各个环节的壁垒，提高信息及资源流通效率，这与 C2B 颇为相似。

显然，我们仅简单地认为“工业 4.0 是全面实现制造环节的数字化及信息化”是不正确的，它在产品设计、生产、营销、仓储、配送等诸多环节中都能得到体现。在某种程度上，我们可以将工业 4.0 视作 C2B 在实物商品领域的一种具体体现。

工业 4.0 虽然对企业实施技术改造、引入智能装备等尤为重视，但企业作为一个商业组织，盈利终究是其最终目标，工业 4.0 不可避免地会涉及商业模式问题。但国内现状是，大部分企业将工业 4.0 理解为智能制造，而对于与之相匹配的零售体系、商业模式等缺乏足够的认识。C2B 则存在十分清晰的商业模式，并对设计、生产、营销、配送及售后服务等各个环节进行了明确。

国内企业界对 C2B 的认识也存在一定的不足，很多人认为 C2B 属于定制及预售模式的范畴，但事实并非如此。C2B 的关键点在于以消费需求为核心，顾客决定了生产何种产品？需要生产多少产品？应该在什么时间生产等。C2B 的构成要素包括社会化营销、客户定义价值、柔性化生产以及拉动式配销体系。

工业 4.0 实现柔性化生产的核心是智能制造，例如，智能设备通过扫描原料及配件上的二维码，来决定如何进行加工，如抛光、打磨、搬运、切割等，并利用后台智能系统在大量订单之间自由切换，从而充分满足消费者的个性化需求。

◎ 工业 4.0：中国制造业转型升级的新方向

德国政府提出的工业 4.0 战略，需要对单个工厂实施网络化及智能改造，在企业内部EPR及MES高效运转的前提下，再向上下游产业链进行拓展及延伸。

C2B得以落地的前提是具备以互联网为支撑的、广泛参与的开放性实时在线协同网络，这是一种庞大而复杂的价值网络，而不是围绕某家企业打造的一条价值链。当然，大数据、云计算、物联网以及移动互联网等新一代信息技术为其提供了强有力的支撑。

以前，企业界对于商业活动中产生的海量数据，尤其是非结构性数据缺乏足够的认识，而且即便企业认识到其价值，也会因为不具备相应的数据处理工具及技术，而无法充分发掘其价值。如今，不但这些问题得到了有效解决，更为关键的是，基于新一代信息技术的网络协同，使传统的商业模式被颠覆，位于世界各地的人们能够随时随地进行分工协作，共同完成某一个项目。

对于实物生产，协同网络同样发挥着十分关键的作用，生产者主要以产业集群的形式存在。以淘宝为例，淘宝上销售的服装产品主要源自广州、浙江等地区的产业集群。与欧美的大型制造商耗费大量的资金打造柔性供应链存在明显差异的是，为淘宝服装供货的产业集群本身就具有柔性供应能力。产业集群中的设计师、纺织厂、印染厂、服装加工公司、经销商之间长期保持着良好的协同关系。

当服装市场出现某种新商机后，仅需要3~5天，部分淘宝店内就会为消费者提供相应的产品，如此之快的上新速度，正是产业集群高效协作的结果。

互联网出现以后，这种线下的产业集群正在向线上转移，尤其是智能手机与移动互联网的普及推广，使信息及资源的流通速度大幅度提升，网络协同变得更加高效。

德国工业4.0是由德国制造巨头西门子发起的，尤其重视生产过程的智能化。美国工业互联网则是由美国制造巨头通用电气发起的，对智能化的产品及服务更为关注。当然，二者都需要强大的技术与先进的设备提供强有力的支撑。

所以，没有良好的设备与技术基础，实现工业 4.0 是绝无可能的事情。但国内绝大多数的中小企业，即便是最为基础的 EPR 也不具备，更不用说拥有 MES、PLM，如何让中小企业完成工业 4.0 转型，成为一大时代难题。而且我国中小企业的数量在工业企业中占比高达 99%。

与工业 4.0 相比，C2B 的落地则显得更为清晰，不但有强大引流能力的大型综合电商平台负责引入海量流量，而且通过专业人员及组织的分工协作，能够实现低成本、高效率的柔性生产。

例如，联盟成员的资源共享及分工协作，来生产碎片化及小批量的订单；品牌商通过和多家供应商进行合作，来提供面向不同群体的差异化服务解决方案等。即便中小企业没有较高的技术与先进的设备，同样能够参与到 C2B 模式中来。

此外，C2B 在我国市场的落地本身就具备良好的基础，在 C 端，淘宝、天猫、京东等大型电商平台能够提供海量的电商交易数据；在 B 端，海量的小微企业构成了各种各样的产业集群，这无疑为我国制造业完成转型升级奠定了坚实的基础。

◎ 淘工厂：实现工厂与卖家无缝对接

淘工厂是阿里巴巴推出的实现淘宝卖家与工厂无缝对接的开放平台，通过二者的战略合作，在解决淘宝卖家供应链不稳定问题的同时，也能有效降低工厂的库存风险，提高效率。

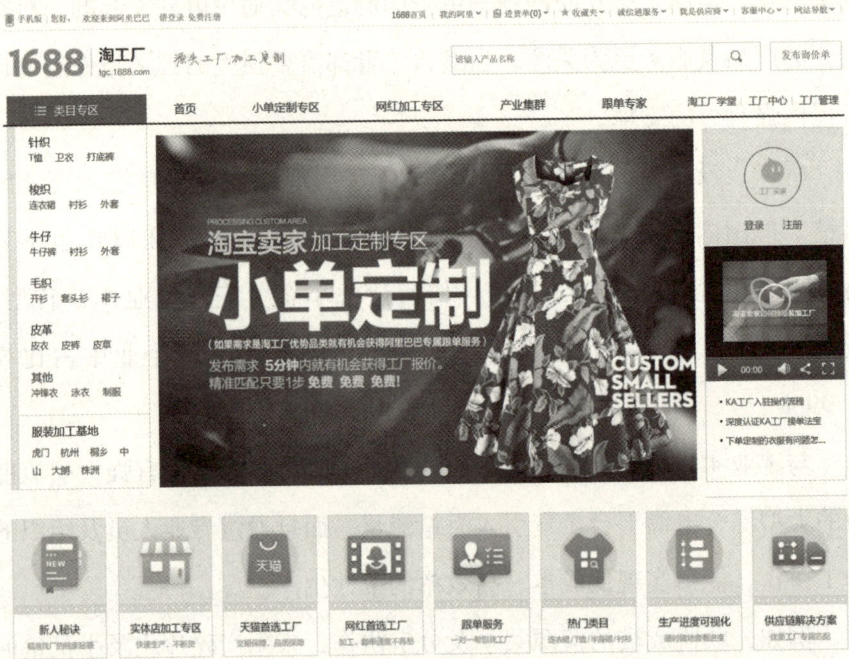

图 3-3　淘工厂官方网站首页

◆ 淘工厂的主要特点

淘工厂的最大优势在于，它能够让淘宝卖家为消费者提供更为多元化及个性化的产品及服务，翻单效率大幅度提升，而且还能获得小批量试单服务。阿里巴巴平台规定入驻平台的工厂必须为商家提供免费打样、一周内生产、30 件起订等服务，而且要给出明确的生产周期及报价。

淘工厂将工厂的产能进行了商品化，有生产意愿的工厂需要提交未来 30 天的档期信息，淘宝卖家搜索工厂时，后台系统会过滤掉那些档期已满的工厂。柔性生产能力更强的工厂在搜索结果排名中更为靠前。

对于中小卖家的资金缺乏与交易安全问题，阿里巴巴也给出了有效的解决方案：由阿里根据卖家的产品销量、客流量等数据，对其授信额度进行评估。该授信额度能够被用于向工厂支付货款。工厂可以使用信用证来回收货款，当淘宝卖家无力支付时，阿里将会给工厂补足差额。

◆ 淘工厂的生产流程

（1）邀请优质工厂入驻平台，工厂需要将自身的信息提交给平台，平台会安排专业的第三方对工厂进行考核。

（2）平台公布未来 30 天的档期信息，以便卖家能够找到符合条件的工厂。

（3）平台系统将会根据工厂的相关数据对其柔性生产能力进行评估，然后结合卖家使用的报价、起订量、生产周期等关键词，对搜索结果进行排序，从而帮助卖家找到合适的工厂。

（4）支付货款时，淘宝卖家可以使用阿里授信额度向工厂支付小笔交易，数额较大的订单则必须全款支付。工厂无须担心资金安全问题，只要淘宝卖家确认收货后，工厂就可以使用信用证来收回全款。当淘宝卖家店铺倒闭，或者因为经营不善而无法支付货款时，阿里将会赔偿工厂损失，并给予淘宝卖家严厉惩罚。

（5）在入驻淘工厂平台时，工厂需要交纳一定的生产保证金，并且严格遵守双方交易时签订的合同，保质保量地及时交货。当交易出现问题时，平台将会根据相关规定进行处理。

从本质上来看，淘工厂将线下工厂的产能、档期、报价等转移到线上，并以服务的形式提供给淘宝卖家。对于淘宝卖家而言，淘工厂的优势在于，它能够使淘宝卖家低成本地采购小批量的个性化产品，强化其供应链管理能力。

从工厂的角度来看，淘工厂能够为其网罗海量的碎片化订单，不需要再去盲目地批量化生产同质化商品，有效降低了库存风险，而且在平台规则的限制下，工厂普遍存在的货款积压问题也将得到有效解决。目前，淘工厂平台已经吸引了包括西格玛服饰、浙江富春江织在内的诸多优质服装品牌的代工厂，从而为淘宝卖家打造出强大而完善的柔性供应链。

3.2 C2M 模式开启智能制造的转型之路

◎ 工业 4.0 时代的智能制造

相关数据显示，我国制造业规模在 2010 年超过美国成为世界第一；当前的工业竞争力指数在全球 136 个国家中排名第七，制造业净出口位列全球第一；同时，按照国际标准划分的 22 个工业大类中，我国有 7 个大类位居第一，钢铁、水泥、汽车等 220 多种工业品产量也在全球名列前茅。

虽然我国制造业在短短二三十年的时间取得了令人瞩目的成就，“中国制造”也风靡全球，但从整体产业结构和发展模式上看却存在着诸多问题，主要依靠资源投入和廉价劳动力的粗放型增长模式导致国内制造业资源消耗大、利用率低、自主创新能力弱、在核心部件与关键技术方面受制于人，而近些年国内人口红利的消失又使制造业逐渐丧失了长期赖以存活的“低成本优势”。

与此同时，2008 年全球金融危机后，发达国家为了走出困境、实现经济复苏，掀起了新一轮的科技革命与产业变革浪潮，纷纷制定了基于互联网、信息化、智能化等高新技术的制造产业发展的国家战略，以保持或重建本国在全球制造业的竞争优势。其中，工业技术强国德国提出的“工业4.0”概念最受关注，引起了其他各国的争相效仿。

有研究者指出，面对来势汹汹的工业4.0浪潮，如果我国制造业不能顺应变革、积极破局，那么未来国内制造业很可能会在发达国家的强力冲击下崩溃、解体。经过近30年的高速发展后，我国制造业正面临着新时代的巨大压力和挑战。正因如此，李克强总理曾多次强调制造产业要“坚持创新驱动、智能转型、强化基础、绿色发展，加快从制造大国转向制造强国”，而我国经济发展也由此进入了结构调整、转型升级、提质增效的战略关键期。

工业4.0是德国政府提出的一项高科技战略计划，旨在借助先进的数字化、信息化技术提高制造业的智能化水平。就我国而言，自2015年开始，“互联网+”成为国内一个异常火爆的概念，备受各方关注。随后“互联网+零售”“互联网+金融”“互联网+医疗”等各类创新性的商业模式层出不穷，并显示出巨大的发展潜力和价值想象空间。而“互联网+制造”其实与德国政府提出的工业4.0概念异曲同工。

全球范围内掀起的新一轮工业革命大潮，对我国制造业来说既是巨大的压力和挑战，也是解决以往不合理发展遗留的诸多结构性矛盾、实现转型升级和弯道超车、从“中国制造”走向“中国智造”的战略机遇期。在此背景下，创新性的C2M（Customer－to－Manufactory，顾客对工厂）模式为我国制造业突破困境提供了新的思路和方向。

2011年成立的曼威网络科技（上海）有限公司，经过5年的发展积累，当前已成为国内领先的产业互联网服务商。公司通过“曼威C2M平台”这一核心产品的不断创新升级，为众多传统企业提供“互联网+”模式的经营、生产、制造、销售一站式服务；借助移动互联网、大数据、物联网等先进技术工具，帮助制造企业构建创新性的C2M商业模式，直接与终端消费者对接，精准定位顾客需求，实现产业级别的个性化定制，获得更多商业机会。

例如，某位男士想要在结婚纪念日时送给爱人一款特殊形状的项链，但在所有珠宝店中都没有找到自己理想中的项链。这时C2M模式在满足此类个性化需求方面就显示出了巨大的价值。

消费者进入曼威公司旗下的爱定宝网站，直接说出自己对产品的特殊要求，爱定宝网站会将这些要求迅速传送到数据库中，然后通过智能系统的对比分析、组合计算，为顾客筛选出合适的供应商、制造商和服务商，并提供所有可行的操作方案让消费者选择。定制完成后，商家通过智能仓储系统将产品运送到指定仓库，然后进行包装并送到指定的线下体验店等待顾客提货。

可见，通过C2M模式中的智能制造系统、大数据分析程序、精益生产运行平台等一系列数字化操作，企业不仅充分满足了用户对产品的个性化需求，也有效保障了整体价值链的最优化零失误运作，从而推动传统企业真正进入到个性化定制、柔性化生产的智能制造时代。

曼威积极打造C2M生态闭环，凭借自身的创造性、前沿性、专业性能力帮助国内传统制造企业转型升级，推动了政府提出的“中国制造2025”战略的顺利落地。经过几年的深耕积累，不断研发升级的曼威C2M商业模式已经赢得了业界的普遍认可：2015年，曼威荣获“工业大数据十大创新引领”奖，公司CEO陈宁也获得“工业大数据领军人物”“MM 2015年度中国自动化领域十大风云人物”等多个奖项。

在日新月异的信息化时代，曼威科技作为国内领先的互联网商业智造服务商，以前瞻性、创造性的眼光将未来目标定位为：通过不断成熟优化的C2M创新商业模式，帮助传统企业、生产制造企业和电子商务等实现全面升级，构建从C端用户到M端工厂的个性化定制需求的最佳实现路径，从而在工业4.0的大变革时代推动国内互联网商业生态圈的全新变革。

◎ C2M 模式在各领域的应用

C2M 模式之所以能被企业界广泛认可，正是得益于其与人们日常生活存在密切关联，如服装、食品、家居、汽车、配饰、印刷制品等，这为企业提供了广阔的想象空间。

研究机构发布的关于世界范围内定制产品生产企业的相关数据显示，目前发展速度最快的产品定制领域是印刷行业，用户可以定制的产品主要包括日历、墙纸、书籍等。位居第二的是纺织品领域，可以定制的产品主要有毛毯、T 恤、内衣等。第三名是餐饮领域，可以定制的产品主要有茶、面包、蛋糕、巧克力等。此外，家居、珠宝、汽车等高端产品定制也十分流行。

从国内市场的发展情况来看，C2M 模式发展前景较为广阔的领域主要有以下四种：

（1）服装。作为展示人们形象及品位的重要工具，定制服装的潜在发展前景十分光明。在淘宝、天猫等诸多大型电商交易平台中，服装产品交易额一直占据榜首。对鞋子而言，C2M 模式可以使人们对鞋子的颜色、尺寸、材料、装饰、图案等进行定制生产。国际运动品牌耐克在篮球鞋定制方面已经积累了多年的发展经验，它可以让那些体育爱好者获得真正满足自己需求的个性化产品。

在服装方面，个性化定制则能让企业根据用户的相关数据及其兴趣爱好打造出一款专属服装。上面所提到的美国的 Indochino 及国内的红领都是典型代表。

（2）餐饮。借助 C2M 模式，人们可以按照自己的身体状况及口感偏好，定制不同的食物及饮品，在满足营养需求的同时，享受到更加美味的食物。

（3）家居。事实上，人们普遍对于自己居住的房屋存在许多个性化需求，人们希望每天生活的房间能够展示出自己的个性、满足自己独特的需求，每天能让自己在工作之余体会到家的温暖。但市场中流通的房子大多是千篇一律的设计，而且想让装修公司按照自己的需求对房间改造又要付出高昂的成本。定制家居的出现，则能够让人们以一种相对低成本的方式，对自己的住所进行改造，从而享受更高品质的生活。

（4）汽车。在更加追求娱乐性与个性化的“80 后”及“90 后”成为消费主体后，汽车的设计中也加入了更多的娱乐性及个性化元素，它不再只是一种简单的交通工具，而是作为人们日常生活的重要组成部分，向外界展示车主的品位、地位及个性。当前，国内的汽车定制主要集中在后装市场，如汽车美容、安装车载电视及倒车雷达等。

但由于我国现行法律对汽车改装的监管相对比较严格，在缺乏专业知识的情况下，车主对汽车改装很容易触犯法律，如果完全按照现行法律进行改装，能够改动的部件又相当有限。汽车定制出现后，人们可以直接将自己的个性化需求反馈给商家，不但不用承担法律风险，而且能以较低的成本满足自己的个性化需求。

据中汽协发布的数据显示，2015 年我国汽车保有量达到了 1.72 亿辆，如果按照发达国家改装汽车占比达到 70% 估计，我国的汽车改装量将达到 1.2 亿辆，其中存在的潜在价值将难以想象。

◎ C2M 开启个性化服装时代

在看到那些影视剧中的人物穿着专属定制服装出席各种高端活动，展示自己的个人魅力时，我们也幻想自己能够像这些人一样可以拥有专属定制服装。如今，这不再只是幻想，随着 C2M 模式的兴起，包括定制服装在内的充分满足我们个性化需求的产品正在大量涌现。

C2M 模式是一种典型的定制化生产模式，它将分散的客户需求高度整合，并将其转变成可行性较高、标准化的小批量生产方式，最终交由工厂按单生产。

某种程度上，C2M 模式可以看作“大规模定制”的衍生升级。在诸多采用“大规模定制”模式的企业中，戴尔给我们留下的印象无疑是最为深刻的。戴尔将其计算机产品实现模块化，按照用户订单将不同的模块组装成个性化产品，并在线上开启订购渠道，仅用 5 年的时间，戴尔就使其笔记本电脑市场份额翻了一倍。如今，C2M 模式的应用范围，不仅局限于电子产品，服装、家具、汽车等产品都在朝着定制化的方向不断发展。

我国的服装定制产业虽然发展时间相对较短，但在国家政策及资源巨头的支持下，其发展势头尤为迅猛。

互联网在营销、交易、配送及售后等环节的应用已经相对比较成熟，但在产品的生产环节，互联网并未给其带来较大的改变，而 C2M 模式的出现则弥补了这一空白。在这片尚属蓝海的新兴市场，能够灵活运用 C2M 模式的互联网企业及传统企业都将成为市场“蛋糕”的分享者。

采用 C2M 模式的服装品牌“红领”是一家已经实现大规模定制的服装企业。用户可以在其线上平台为自己定制专属服装。红领服务于全球用户，消费者在 1 分钟内即可对面料、工艺及款式等进行定制。

红领能够实现大规模定制，主要得益于其拥有完善的智能系统。该系统在对客户订单进行分析的基础上，对其产品的面料、工艺、款式进行匹配，自动安排生产流程，指挥流水线员工作业。据了解，红领定制服装的生产成本仅比普通服装高出 10%，而生产时间可以控制在一周以内，客户从下单到收到产品的时间在 10 天左右。

（1）“M”端。红领的设计、研发、原料供给等部门将通过互联网和生产线实现同步办公，而原料中植入的射频识别电子标签可以让车间员工借助扫描设备，对产品生产环节进行控制，这极大地提升了生产效率，并有效降低了生产成本。

在对原料中的电子标签进行扫描后，员工可以在显示器上获取客户对产品的具体要求，从而对颜色、扣子、里衬等进行定制。红领流水线运转十分流畅，整个生产过程完全通过数据驱动。

（2）“C”端。“酷特”是由红领推出的服装设计品牌集合店，其借助“C2M + O2O”产销一体化模式获取巨大价值。此外，红领还引入了“数字化大工业 3D 打印模式”，为全球客户提供资助定制服务，款式、工艺、价格、服务方式等皆可实现定制生产。

为了向更多的用户提供服装定制服务，红领还与诸多线下门店达成合作。对这些合作商家，红领的要求十分严格：门店必须开设在国内各个城市主流商圈中的大型百货商场，而且要认可红领的品牌文化。当然红领也为加盟商提供了诸多福利，例如，提供开店资源及运营管理资源支持，加盟商只需要做好品牌运营，红领将提供完善的服装定制全程服务解决方案。

◎ 揭秘魔幻工厂的 C2M 电商模式

W. 钱·金与勒妮·莫博涅合著的《蓝海战略》于 2005 年 2 月出版，这本书在面世后不久就引起业内人士的广泛关注。作者从需求端出发分析企业的营销模式，并揭示了长尾需求蕴藏的市场发展潜力。在旅游行业内，率先发展起来的携程、艺龙等旅游平台就以 UGC（用户生产内容）为核心，利用“旅游攻略”将分散的用户集中起来，根据消费者需求推出定制化的旅游路线，并提供配套产品，得到众多消费者青睐。但目前在开发蓝海领域中表现最为突出的，当属那些能够依据消费者特点、喜好等为其提供服装的专业设计人员。

喜欢看英剧的朋友，都会对《唐顿庄园》中人们穿着的精美服装留下深刻印象。剧中的时代背景是20世纪初，当时尚未进入批量化生产时代，市场上也没有大量成衣出售。人们的地位及其收入水平不同，他们的穿着也体现出明显的区别。个性化定制是上流社会人士的专享，中层收入的人可以聘请专用裁缝，收入水平一般的人，则可通过普通的裁缝来为自己制作衣服，贫苦阶层的大众则需要自己缝制衣服。剧中Crawley家的家境十分殷实，Sybil是这家的三小姐，而她在成人后出席重要的社交场合时，家里为她添置了一套高级定制服装，并作为重大新闻得到家中所有人的关注。随着工业革命的兴起，规模化生产的成衣风靡市场，个性化定制需耗费大量成本，价格昂贵，普通人更是无福消受。

◆ 用工业4.0玩转个性化定制

酷特智能是互联网工业的典型代表，该公司能够根据消费者的需求进行定制化生产，同时可以达到工业化的规模效应。酷特智能推出的战略产品“魔幻工厂”，是C2M模式的实践代表，反映出该平台对工业化操作与商业化发展的结合。酷特智能自2003年以来，在工业化发展过程中融入信息化建设，对传统模式下的企业组织方式、流程架构等进行了优化与升级，最终打造出一体化的物联网系统，并面向纽约市场开展运营。之后，酷特智能推出“魔幻工厂”APP，有效控制了自身的成本消耗，如今，企业仅用原本1/10的成本就能实现个性化定制，并使企业无须再面临库存压力，加速了生产环节的运营。现在，“魔幻工厂”能够在10天之内根据顾客需求生产出定制化服装产品。

◆ 把中间商的利润返给消费者

在 C2M 模式的实施下，“魔幻工厂”平台尽可能地省略掉了产品流通的中间环节，将定制化产品直接交到消费者手中，降低最终的产品价格，使定制产品不再是贵族专享的特权。

在互联网时代，除了“魔幻工厂”之外，还有很多平台都省略掉了层层中间商。例如，“一号店”作为沃尔玛的线上渠道，给作为中间商平台的亚马逊、淘宝等带来巨大冲击；本来生活网、易果网则通过线上渠道开展生鲜产品的运营。那么“魔幻工厂”作为个性化定制平台，其独特之处体现在哪里呢？据悉，该平台把节约下来的资金用于引进世界一流的服装面料，并与优质服装制造企业达成合作关系，从而保证产品质量，使平台提供的服装能够符合消费者的个性化需求。

◆ 提供线上线下多维度服务

在互联网时代，不少电商平台都采用了线上线下一体化的营销模式，但是，该模式的应用还需与产品自身的特点相符。很多淘宝平台的店铺也能根据顾客上传的体量数据为其提供成衣，但这种运营模式显然不能算是个性化定制。不同于其他平台将“个性化定制”作为吸引顾客的幌子，“魔幻工厂”设有专业的设计师工作场所，并建立了实体门店，还有移动大巴为消费者提供上门服务，负责收集消费者的体量数据，为其提供专业的设计建议。切实在营销环节落实了线上线下一体化的模式，为消费者提供周到、细致、全方位的定制服务。

◆ 联通全球顶级定制资源

随着全球化进程的加快，加上互联网的高速发展及普及应用，世界各个地区之间的联系愈加紧密。如今，人们已经能够突破时空因素的限制进行信息传递与交互。“魔幻工厂”借助互联网的优势，与分布在各个地区的知名制造企业保持深度互动，推动自身发展。在具体运营过程中，平台可以将消费者的需求信息传递给制造商，负责产品提供。普通消费者通过该平台，也能购买到由香奈儿、Giambattista Valli 等知名制造企业定制的服装。

在服装制造方面，产品最终的品质在很大程度上取决于其面料的质量。为了给消费者提供优质的产品，“魔幻工厂”联手包括维达来、杰尼亚、世佳宝等在内的高级面料商，避免因面料不过关影响服装品质。与此同时，“魔幻工厂”聘请了经验丰富的设计人员组成产品研发队伍，在负责产品设计及研发的同时，还可以就用户的咨询给出专业化解答。

◆ 利用大数据满足个性需求

“魔幻工厂”利用大数据系统收集了 200 万名用户的相关信息，将各种各样的服装款式及制作工艺汇集到一起，设计者可根据需求进行服装款式、版型等信息的查询，并进行自由搭配，还可添加流行元素，能够满足绝大多数用户的个性化需求。另外，“魔幻工厂”除了包括男装、女装及童装三大板块之外，还将每一种服装大类细分成西装、衬衣、裤子、马甲及大衣 5 种。不仅如此，用户还能按照自己的个人偏好，选择服装的面料、领型、口袋及拼接方式等，并可在指定位置添加特殊标记，切实做到定制化生产及服务。

为了实施个性化定制模式，“魔幻工厂”从服装源头——面料选择上入手，采用世界一流的面料，并要求其产品通过 308 道工艺、11 项技术方面的审核。同时配备专业设计人员，为所有顾客提供私人订制的服装，对其产品的青睐，代表着该消费者对个人生活品质的追求。“魔幻工厂”致力于让所有用户成为自己生活的主人，为了实现其目的，该平台会把定制生产模式应用到包括衣服、汽车、手机、家具等更多领域。位于世界各地的消费者都可以通过网络平台进行个性化产品定制，也就是说，人们将进入全面定制化时代。

3.3 借助C2M实现服装企业“零库存”

◎ 双高行业：传统服装企业的运营困境

虽然各服装企业都在积极创新、谋求发展，但服装企业所面临的问题却与日俱增。从某种程度上来说，服装业可以被称为“双高行业”，这里的“双高”指的是高库存、高脱销。服装业双高格局的形成与其独有的特性密切相关，自然也脱离不了近年来服装消费日益个性化的趋势：

（1）服装产业较为分散，集中程度较低。服装产业的进入门槛较低，在缝制环节除大型服装企业之外还存在很多家庭小作坊，降低了服装产业的集中程度，形成了分散化的产业格局。

（2）服装产业的供应链较长，其中涉及的环节较多。服装产业涉及的生产环节非常多，包括棉花、化纤等原料的采购，布料的生产和印染，纽扣、拉锁、毛领等辅料的加工，服装设计、剪裁、缝制，服装分销、零售等多个环节。

（3）依据季节的周期性变化进行预判，进行反季节设计是服装行业的常态。四季服装各有不同，一般来说，从新品服装发布到上市要经历近半年的时间。因此，服装企业要根据季节变化对未来的流行趋势进行预判，做好协调，防止不同季节的服装交叉上市使供应链重叠，增加供应链管理难度。

（4）消费者对服装的个性化要求越来越高，降低了服装生产的可预测性，服装企业只能对其进行“赌博式”开发。消费者对服装的个性化要求涉及型号、款式、面料、颜色等方方面面的问题，服装企业要满足消费者的这些个性化需求着实不易。

以型号为例，这个看似最容易满足的个性化需求事实上很难满足，服装企业要规划一件服装的型号，首先要对人体数据进行研究，即便如此，这样生产出来的服装也只能解决“物理精度”问题，难以解决消费者的“心理精度”“穿着习惯”等问题。例如，有的消费者喜欢穿宽松一点的衣服，有的消费者喜欢上衣的袖子长一点等。

对于很多服装企业来说，他们难以制造时尚、创造流行，甚至难以对时尚和流行进行准确的预测，只能对服装产品进行“赌博式”开发、“蒙眼式”开发。随着消费者对服装产品的个性化需求愈加强烈，服装的生命周期也日益缩短，使服装供应链的复杂程度进一步增强。

基于这些特点，服装产业越来越难以实现良性运营：

（1）从消费者的角度来说，消费者想要买到称心如意的商品需要耗费大量的时间和精力，并且在很多时候，其喜欢的商品还会出现断码、缺货的情况。

（2）从品牌商的角度来说，打折促销是常态，畅销品补货难，滞销品要承受退货压力、库存积压，最后只能剪掉商标低价处理。

（3）从经销商的角度来说，商品畅销要面临补货难、补货时间长的问题；商品滞销则要面临库存积压的风险，此外，经销商还要承受品牌商的挤压。

现阶段，我国的服装产业处境非常尴尬，一方面，我国服装企业每年要生产500多亿件服装；另一方面，服装企业每年积压的库存多达上百亿件。由此可见，我国服装产业的高库存、低产消互动率已成为既定事实。在这种情况下，尾货市场、折扣店也成为服装产业的重要组成部分。

◎ 渠道变革：构建服装个性化定制模式

在互联网普及应用之前，企业要满足消费者日益个性化的需求非常困难，其中最大的困难来源于如何在质量、速度、成本之间找到平衡。具体来看，这些困难主要表现在以下三个方面：

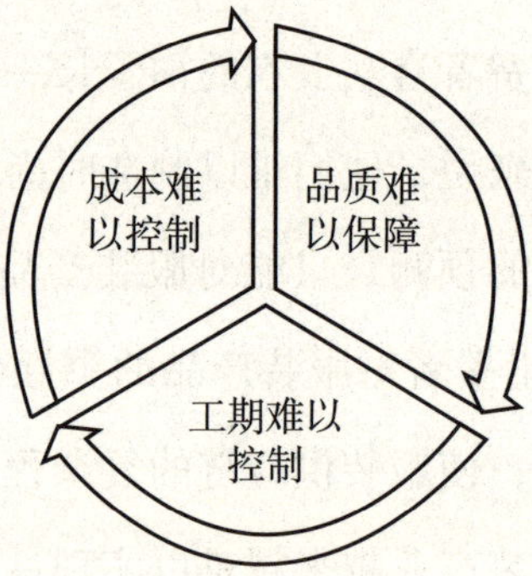

图3-4　个性化定制面临的困难

（1）品质难以保障。消费者对服装产品的个性化要求越高，就代表产品数据越多，工人在服装生产的过程中忽视任何细节都会使产品品质出现问题。同时，个性化定制生产要求工人要拥有超高的技能，要会操作多种类型的机器，工人技能稍有欠缺就会诱发品质问题。

（2）工期难以控制。客户从网上下单，使订单出现了零散化、无计划性的特点，使备货困难，工期节奏难以有效把控。

（3）成本难以控制。企业要做好个性化定制必须准备多种多样的面料，并且每种面料的数量不宜过多，在这种情况下，面料难以进行规模化采购，其成本难以控制。

为了解决上述问题，在互联网普及应用之前，服装企业从多个维度进行了探索和创新，其中，最成功的探索就是快时尚模式的创造。快时尚模式通过快速捕捉消费者的个性化需求，对其进行快速响应，有效地满足了消费者的个性化需求。例如，在多品种视角下，国外的快时尚品牌每年可推出上万种产品，国内的快时尚品牌每年也可推出上千种产品。

对这些快时尚品牌进行深入分析还可发现，快时尚品牌不同，为了在质量、速度、成本三要素中找到平衡，其选择的路径及方法也不同：

首先，在挖掘、整合用户的个性化需求方面，某些快时尚品牌通过与用户互动来捕捉其个性化需求；或者参加时装发布会把握时尚与潮流来挖掘用户的个性化需求；或者将设计分散到买手小组，对用户的个性化需求进行快速收集。当然，也有一些快时尚品牌不刻意强调收集用户的个性化需求，而是将精力放在提升快速补货能力方面，一旦发现某款产品畅销，就快速生产，大量补货。

其次，现阶段很多快时尚品牌的商业模式并不是严格意义上的快时尚模式，而是由不同的供应链共同构造的一种混搭模式。在高端市场，借助高级定制构建时尚供应链，来提升品牌的影响力；在中端市场，通过快速反应的供应链来获取高额利润；在低端市场，借助低成本的精益供应链对市场进行全覆盖。

虽然，在互联网之前，快时尚模式取得了很大的成功，但这种模式依然存在较多缺陷。在设计方面，为了快速响应市场需求，企业不得不抄袭、借鉴他人的设计，需要为此支付大量的赔偿金；在库存方面，很多快时尚品牌都存在 10% 或以上的库存积压；在产消互动方面，由于缺少互联网媒介，企业与消费者难以实现直接沟通，消费者在个性化定制过程中的参与度较低。

互联网的出现及普及应用为服装产业的变革开通了一条新渠道。近年来，电商汇聚的个性化需求推动众多服装企业以柔性化的生产方式来满足消费者的个性化需求。

（1）从消费端来看：以淘宝网为例，目前，淘宝网上有不少销量上万的服装单品，也有很多销量仅百余件的服装单品，其长尾效应非常明显。这种情况说明，现阶段服装企业的生产体系必须适应“多品种、小批量”的产品生产特点，才能满足消费者的个性化需求。

（2）从生产端来看：近年来，国内各服务企业开始引入各种有利于构建柔性化生产机制的机器和设备，如数码印花设备、数控裁床、三维人体测量仪等。以数码印花为例，传统的圆网印染或者平网印染对印染量的要求较高，而数码印花对印染量的要求则比较低，几米或者更小的尺寸都能进行印染。另外，数码印花可印染的颜色达千万种，并且印染速度极快，可实现立等可取。现阶段，受性价比的影响，数码印花等设备的应用范围较小，未来这种设备必能实现普及应用。

（3）从软件方面来看：现阶段，在 SaaS（软件即服务）方式的推动下，中高端软件正在逐步实现普及应用。

（4）从生产方式方面来看：传统的服装企业大多采取大规模生产方式，但为了满足用户的个性化需求，对市场做出快速反应，以秋水伊人为代表的服装企业采取了多种类、小批量生产的单流制生产方式。

如今，在 ZARA、H&M 等快时尚品牌之后，韩都衣舍、裂帛、阿卡等新型服装企业诞生，虽然这些服装企业的规模较小，但是其运作模式更加灵活，能借助互联网与消费者直接互动，也能对市场需求做出快速响应，在一定程度上满足了消费者的个性化需求。

◎ 传统服装企业如何实现C2M模式转型

C2M定制模式自诞生后得到迅速发展，反映出现代化工业建设的水平，有业内人士表示，随着该模式应用范围的拓展，未来的淘宝、京东等电商平台都将加入到其中。对服装产业的发展历程进行分析可知，经济发展水平的提高，使人们的消费能力及消费水平有了明显上升，再加上消费者可通过网络渠道查询潮流趋势，他们更注重服装的个性化、时尚化因素。在此形势下，服装产业应该寻求转型之道，C2M或许是一条可行之路。

企业可通过实施C2M模式，使生产者与消费者之间的联系更加紧密，在这个过程中，企业可利用大数据与信息技术，在控制自身成本的基础上，进行定制化生产，并逐渐建立起完整的生态体系。

在服装领域，青岛红领集团是率先实施C2M模式的典型代表，以该公司为参考可总结出C2M的如下特征：第一，企业在利用数据信息系统的基础上进行定制化生产；第二，通过应用数字化生产流程，进行成本控制；第三，通过降低库存压力，加速整体运转来提高企业的利润空间。

近年来，很多服装企业面临市场需求量下降、产品滞销、库存压力增大的现象，在这种情况下，企业可尝试通过C2M模式进行转型。但在改革过程中，企业同样面临诸多考验：部分传统服装企业在以往的发展过程中，凭借生产及销售能力在市场竞争中占据优势地位，在传统模式下，服装企业并不擅长产品设计，但尚且能够在注重生产及销售的同时，通过成本控制及快速的市场反应能力取得快速发展，并在探索中沉淀出自己的经验。

从另外一个角度来分析，C2M模式对企业的资金能力、数字化生产及专业化产品设计提出较高要求，只有少数实力型服装企业符合其标准。所以，对于中小规模的服装企业而言，在实施C2M模式时，需要开辟全新的发展道路，通过资源整合，建立系统化数据平台，并利用先进的信息化技术，对以往的运营模式进行改革，逐步实现企业的转型升级。

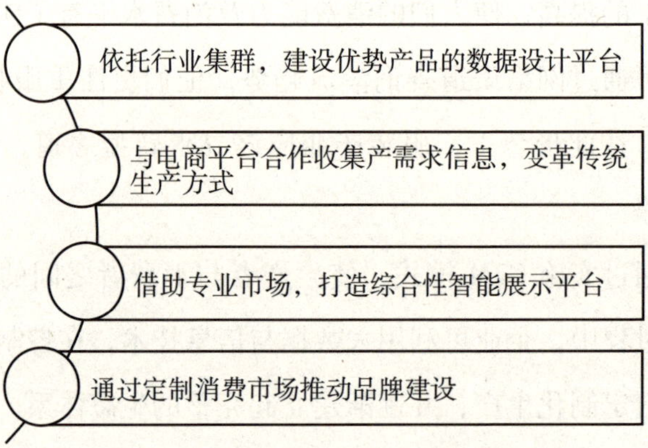

图3-5　传统服装企业的C2M转型策略

◆ 依托行业集群，建设优势产品的数据设计平台

企业要实施个性化定制模式，就必须拥有产品设计系统。服装行业内通常会形成集群效应，具有鲜明的地域特色。如浙江地区的服装行业，形成了以海宁皮革、平湖工装、杭派女装等为主导的行业集群。

其中，有几个实力雄厚的服装企业正试图建设产品数据体系。浙江地区的领带生产企业“巴贝集团”，打造了自己的花型数据库，该数据库内涵盖36万个领带花型，用户可通过该系统查询领带款式，进行颜色搭配等。不过，就目前来看，对自身优势产品进行完整分析、并建立数据库系统的行业集群并不多。

地域性行业集群应该在建设行业公共平台的前提下，学习其他优秀企业的经验积累，促使实力型企业及专业人士立足于行业发展的角度，建设针对优势产品的数据设计平台。

◆ 与电商平台合作收集客户需求信息，变革传统生产方式

从电商平台发展的角度来分析，经营服装品类能够获得较大的利润空间，消费者对品牌的忠诚度也较高。因此，很多传统服装企业联手电商平台，或者投资开展线上业务，然而，这类企业多将电商平台视为一种产品出售途径。

除了扩大产品销售，企业还应该通过电商平台获取消费者的相关信息，如消费行为及特征、对产品的独特需求等，据此锁定潜在消费者群体，提高营销针对性。

所以，企业在实施 C2M 模式时，应该加强与电商平台的合作，一方面，对接企业的信息数据库，使企业能够通过数据库直接查询订单信息，据此组织生产；另一方面，要针对优势产品收集客户需求信息，借助网络信息技术对企业的资金消耗情况、不同款式的销售情况等进行分析，据此指定新品开发策略。除此之外，企业可与电商平台合作，对传统生产模式加以改造，使其适应市场需求。

◆ 借助专业市场，打造综合性智能展示平台

浙江的服装行业经过长时间发展，形成以海宁皮革城、义乌小商品市场等为代表的专业市场，企业在实施 C2M 模式的过程中，需借助专业市场的优势，并促使专业市场经营者采取线上线下一体化运营模式，在发挥实体店优势的同时，开拓线上业务，完善物流建设，扩大消费者覆盖范围。

另外，经营者需采用精细化经营模式，建立综合型时尚咨询体系，

依托完善的数据设计平台，为消费者提供智能化虚拟试衣体验服务，向消费者推荐搭配产品，加强不同企业之间的合作关系，从而实现线上线下运营之间的无缝结合。

◆ 通过定制消费市场推动品牌建设

如果人们的消费理念不成熟，或者消费者对服装设计及生产过程缺乏了解，都会给个性化定制的实施带来阻力。尽管很多消费者注重产品的独特性，但很多人对服装成品的最终呈现结果缺乏清晰的认识，或者目前的制衣技术无法体现其设想，导致产品难以满足消费者的需求，降低了其消费体验。

企业在实施C2M模式时，应该向建立完善产业生态体系的方向发展，并调动消费者参与的积极性，为消费者普及一些与产品设计、制作等相关的基础知识，提高设计者的原创能力，推动服装品牌的建设，逐步提高其影响力。

◎ Indochino：打造西装定制品牌

在国内市场，大部分人对服装定制的概念缺乏足够的认识，在人们的印象中，仅有那些动辄上万元的时装、西装等高端服装产品才能进行定制。但在海外市场，定制服装正在迅速普及，绝大部分消费者都可以拥有属于自己的专属服装。

据不完全统计，世界范围内可以提供定制化产品的企业已经达到上千家，其中有近500家企业在其细分市场内已经建立起较强的品牌影响力。由于德国及美国在智能化及高端制造业的强大实力，在产品定制化生产方面二者已经走在了世界前列。

从男装定制市场来看，2007年成立的西装定制品牌Indochino

图 3－6　Indochino 官方网站首页

拥有较高的话语权。该公司的创始人是两名大学生，发展初期 Indochino 将目标群体定位为大学生群体，其重点服务对象是那些将要参加工作的准毕业生，这一群体对西装存在着强烈的需求。在经过一段时间的发展后，Indochino 将其客户群从大学生拓展至成熟男士群体。

Indochino 定制服装的价格通常在 400～800 美元，其定位是一种中高端产品。由于 Indochino 定制服装在材料、款式、做工、质量等方面的优势，目前它已经拥有将近 20 万名忠实用户。2016 年 3 月，Indochino 完成了总金额 3000 万美元的 C 轮融资，投资方为中国服饰集团大杨集团。Indochino 之所以能够得到用户及投资方的认可，主要是由于其具有的两种独特模式：

（1）旅行裁缝。尺寸问题是线上定制服装产品的一大痛点，如果由于尺寸不合适而出现较多的退换货问题，不仅给用户带来困扰，商家也要付出较高的成本。为了最大限度地解决这一问题，Indochino 首创了“旅行裁缝”模式，通过在美国各个城市搭建临时店面（营业时间仅有几天），并配备专业的裁缝及销售人员，为客户的选品、下单环节提供有效指导。

这种限时限量的“旅行裁缝”模式，在吸引大量用户的同时，也极大地提升并增强了品牌影响力。当然，尺寸问题的解决并非仅依赖于高成本的线下测量方式，在AR/VR技术逐渐普及后，未来在线上就可以完成尺寸测量。

（2）周全的退换货政策。当然，即便在线下测量尺寸的基础上进行服装定制，也有可能出现不符合用户预期的情况。如果仅是一些细节方面的问题，消费者可以前往线下临时店面找专业人员解决，仅当修改费用超过75美元时，消费者才需要支付超出的费用。如果由于商家方面的原因，导致产品出现重大问题，Indochino将免费为消费者重新定制。

第 4 章

新变革：制造企业如何实施大规模定制

4.1 变革新引擎：从大规模生产到大规模定制

◎ 大规模定制的特征

在用户需求主导的新消费时代，企业之间的竞争重点已经从用户流量之争演变成为用户时间及用户需求的竞争。为消费者提供满足其个性化需求的定制产品，并提升客户的购物服务体验，是企业打造核心竞争力的关键所在。

大规模定制生产同时具备大规模生产及定制生产两种特征，它可以在满足用户个性化需求的基础上，以较低的成本及较短的周期为用户提供商品。大规模定制在缓解库存压力、降低生产成本等方面的明显优势，使其受到了制造企业的追捧，在海外市场，很多大型制造商都在积极探索这一模式，如丰田汽车公司开发出了 CAD 系统，让广大消费者可以根据 CAD 系统提供的各种标准化模块来定制汽车。

大规模定制让很多海外企业通过满足用户个性化需求建立起了明显的领先优势，戴尔公司、安盛公司、牛仔裤品牌李维斯、日本松下自行车公司都是典型的代表。这种生产模式对持续了将近一个世纪的大规模批量生产模式形成了强烈的冲击，并被视为未来的主流生产方式。

◆ 大规模定制的概念

20世纪70年代，著名的未来学家阿尔文·托夫勒（Alvin Toffler）① 在其著作《未来的冲击》中就对大规模定制生产进行了预言。大规模定制让普通用户可以用较低的价格获取满足自己个性化需求的产品，它融合了大规模生产及定制生产的优势，既满足了用户的个性化需求，又不会造成生产成本的大幅度增长。

大规模定制的逻辑在于，借助对企业的产品结构及制造流程进行优化，应用新材料技术、柔性生产技术、信息技术等一系列高科技手段，将产品的定制生产转化成大规模批量生产，在降低生产成本、压缩生产周期的同时，让每个消费者能够获取自己所需的任意数量的商品。

◆ 大规模定制的特征

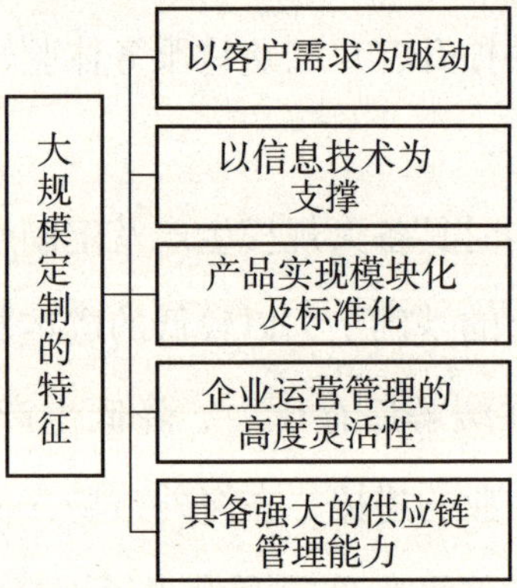

图4-1　大规模定制的特征

（1）以客户需求为驱动。传统的大规模生产模式是由商家驱动，它先生产完产品后再让消费者选择，至于产品具备什么功能、有什么样

① 阿尔文·托夫勒，未来学大师、世界著名未来学家，当今最具影响力的社会思想家之一。

的外观、采用何种材料及定价等都不是消费者所能决定的。而对于大规模定制生产来说，企业将以用户的个性化需求为核心，是一种用户需求主导的生产模式。

（2）以信息技术为支撑。大规模定制生产要求企业针对客户的个性化需求做出实时调整，这必然要有大数据、云计算、智能化等高科技技术提供支撑，而且由于个性化需求的产品的批量相对较小，所以企业必须具备柔性生产能力。

（3）产品实现模块化及标准化。只有产品实现模块化及标准化后，才能有效控制产品定制成本，并缩短生产周期，从而充分满足消费者的个性化需求。

（4）企业运营及管理的高度灵活性。在传统的大规模生产模式中，迫于整个社会的生产力不足，商家生产的产品供不应求，根本不用考虑用户的个性化需求。而在大规模定制生产模式中，商家面对的是随时都可能发展变化的动态需求，企业需要高效精准地满足广大消费者的个性化需求。这决定了企业必须成为一个灵活性较高的扁平化组织，针对市场的动态变化能够及时做出相应的调整。

（5）具备强大的供应链管理能力。在未来的市场竞争中，企业得以生存的重点不只是简单地和竞争对手对抗，而是供应链维度的竞争，通过与供应链中的合作伙伴进行深入合作，共享所有资源来满足目标群体的个性化需求。

◎ 大规模定制的类型划分

企业大规模定制起源于服装行业，后来逐渐扩展到皮鞋、首饰、家具等行业。随着社会发展，定制所涉及的行业范围越来越广，越来越多的企业将定制视为一种新型的商业模式，一种提升企业竞争优势的手段与方法。相较于过去来说，定制所包含的技术及管理方面的内涵日渐丰富。企业在使用定制模式时，不仅要关注差异化产品的构建，还要对其生产组织方式进行完善，以控制定制模式应用所带来的成本增长。

二十世纪七八十年代，美国管理学家以丰田模式及精益制造为基础，提出了大规模定制。该概念一经提出就被众企业所采纳，在应用方面获得了极大的成功。大规模定制有双重含义，一方面要以大规模生产来控制生产成本，另一方面要以定制化生产来满足消费者个性化的需求，要借助现代信息技术及柔性制造技术，在模块化、标准化设计的基础上，借助大规模生产为消费者提供符合其心意的产品，满足其个性化需求。

由于产品性质、企业本身及供应商的发展情况、用户需求的差异性等，导致企业采用的大规模定制类型会有一定的差异。

约瑟夫·派恩与詹姆斯·吉尔摩[①]提出了四种大规模定制类型：合作型定制（Collaborative Customization）、透明型定制（Transparent Customization）、装饰型定制（Cosmetic Customization）与适应型定制（Adaptive Customization）。

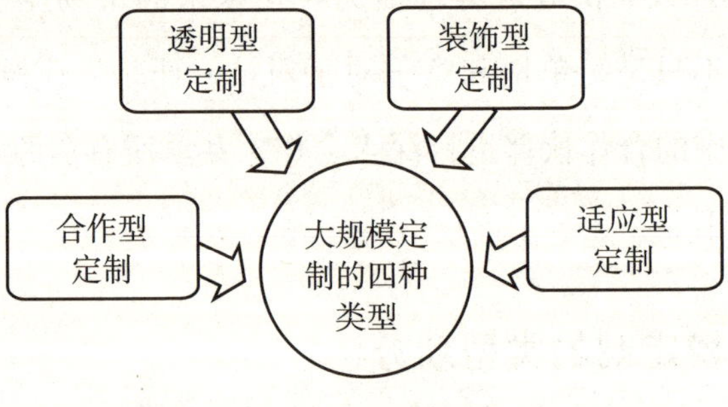

图4-2 大规模定制的四种类型

① 约瑟夫·派恩和詹姆斯·吉尔摩，美国俄亥俄州奥罗拉市战略地平线公司的共同创立人，两人合著《体验经济》一书。

（1）合作型定制。要求企业与客户进行充分的交流沟通，帮助用户理清其消费需求，并为之提供相应的产品或服务。

（2）透明型定制。在用户没有直接参与或者没有意识到的前提下，为他们提供个性化的定制产品及服务。当然，这种定制方式要求企业能够精准高效地分析出用户的个性化需求。

（3）装饰型定制。企业将同种商品以不同的包装提供给有不同需求的客户。这种定制方式面向的是那些对产品本身不存在个性化需求，但对于产品包装存在个性化需求的用户群体。

（4）适应型定制。企业为客户提供标准化的商品，但后者可以根据自身的个性化需求对这些商品进行一定的调整。

亨利·明茨伯格（Henry Mintzberg）① 按照定制活动在企业价值链中出现的环节及用户改变产品的能力，提出了五种大规模定制策略：纯标准化、纯定制、特制定制、定制标准化及分割标准化。

事实上，纯标准化更像是大规模生产，因为它的逻辑是企业用标准化的生产流程，为客户提供标准化的产品及服务，而忽略了用户的个性化需求；纯定制是指定制活动在产品设计环节就已经开始出现；特制定制是指定制活动开始出现在产品的制造环节；定制标准化是指企业只是选择模块化的零部件进行定制；分割标准化则是指企业根据地域的差异为不同的市场提供差异化的产品。

达夫·阿尔福特（Dave Alford）将汽车制造细分市场内的大规模定制分为三种类型：核心定制、选项定制、外形定制。三种定制类型分别体现了用户参与汽车设计、装备及销售环节的定制：

（1）核心定制。用户直接参与汽车的整个设计过程，当然这要求

① 亨利·明茨伯格（Henry Mintzberg），是全球管理界享有盛誉的管理学大师，经理角色学派的主要代表人物。

消费者为此付出相对较高的成本。

（2）选项定制。不涉及产品设计的变化，仅根据自己的个性化需求选择不同的装配方案。

（3）外形定制。汽车销售商提供的定制服务，如增加新零部件、更换座椅及车载系统等。

倘若以顾客在企业经营过程中的参与度为标准，可将定制划分为三种类型，分别为订单装配生产、订单设计生产和订单制造生产。

（1）订单装配生产

订单装配生产指的是企业接到客户订单之后，选择企业现有零件对其进行装配的定制生产方式。简单来说就是向客户提供订单产品。

（2）订单设计生产

订单设计生产指的是以客户特殊需求为依据，对零部件进行重新设计，或者对现有零部件进行改造，将其设计为新零部件，同时对产品的总体设计进行改造，并以此为基础向顾客提供订单的定制生产方式。

（3）订单制造生产

订单制造生产指的是企业接到客户订单之后，根据客户要求调整现有零部件，加工原材料，改变装配方式，以此为基础为客户提供产品的定制生产方式。

定制生产的方式不同，其对企业柔性生产能力、精益制造能力、顾客需求信息系统、消费者后勤服务系统的要求也各有不同。在这三种定制方式中，定制程度、对企业经管能力要求最低的就是订单装配生产；定制程度、对企业经管能力要求最高的就是订单设计生产；订单制造生产居中。

上述分类方式基本全面覆盖了大规模定制的所有类型。考虑到企业的生产过程通常可以分为设计、制造、装配及销售，下面我们不妨根据定制活动在企业生产过程中发生的环节，将大规模定制划分为四种类型：

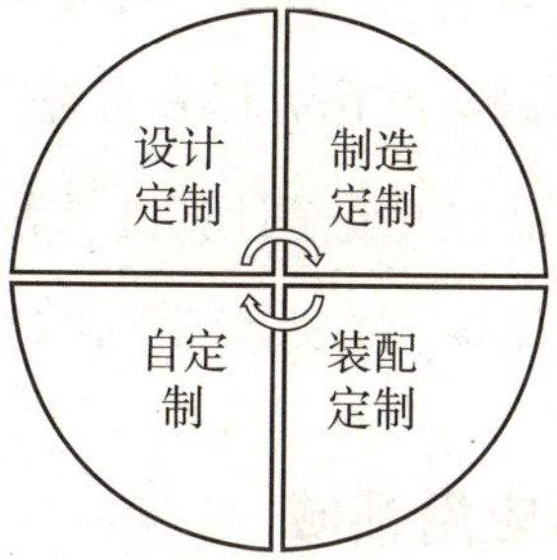

图 4－3　基于企业生产环节的大规模定制类型划分

（1）设计定制

设计定制指的是企业根据客户的个性化要求，设计能够满足这类要求的产品及服务。在设计定制模式中，从产品设计到销售整个流程完全由用户需求所驱动，在大型的机电设备制造过程中应用尤为广泛。

（2）制造定制

制造定制指的是企业收到用户的订单后，在标准化及模块化的零部件的基础上进行制造、装配等方面的定制生产，从而满足客户的个性化需求。在制造定制模式中，产品结构设计不会发生变化，制造、装配及销售环节则有可能根据客户的需求做出调整，绝大部分的机械产品会采用这种方式。此外，很多企业在引入 EPR 系统时要求供应商进行二次开发也属于制造定制。

（3）装配定制

装配定制代表了企业收到客户订单后，对现有的零部件进行组合装配来满足用户的个性化需求。在装配定制模式中，定制活动从装配环节开始，设计及制造环节不会发生变化，比较常见的装配定制化产品就是计算机。

(4) 自定制

自定制指的是产品本身即企业提供的标准化产品，但用户可以根据自身的个性化需求对其进行调整。所以在自定制模式中，产品设计、制造及装配环节都按照企业的标准化流程来实现，用户无法对这些进行更改。较为常见的自定制产品主要就是计算机或者智能手机中的应用程序，可以通过改变皮肤、功能模块、工具条等方式对其进行个性化定制。

◎ 大规模定制的应用领域

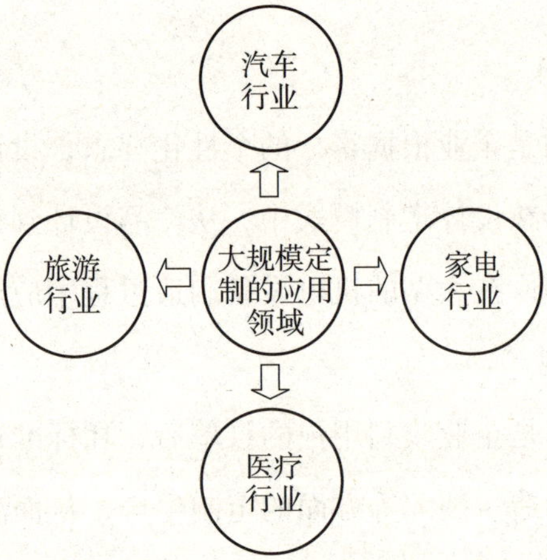

图 4－4 大规模定制的应用领域

◆ 定制生产在汽车行业的应用

目前，定制生产在各行各业都有应用，在汽车行业，定制生产已成为主流趋势。

在汽车企业中，最先推出汽车定制服务的是奥迪公司。1983 年成立的全资子公司奥迪 Quattro 有限公司经过多年的发展，已成为独特的、个性化的生活品位的代表。该公司为顾客提供“Audi Exclusive”个性化定制服务，使每一款车型都独具个性，极大地满足了顾客的个性化需求，赢得了众多顾客的喜爱。

奥迪 Quattro 公司的个性化定制服务包含多方面内容，从内部装饰来看，公司为消费者提供了多种选择，消费者可自由选择皮革、地毯等装饰的颜色和材质，对其进行自由组合；从现代通信技术及设备来看，消费者可以自由选择是安装后座娱乐系统，还是安装 MFCU 通信系统等；从运动性能来看，消费者可对发动机、sline 运动套件等设备进行自由选择，包括保险杠、座椅、车尾扰流板、驾驶信息系统、运动方向盘、变速箱换挡杆、手刹柄、轮毂等内容。

2013 年，亚洲首家 Audi City 落户北京，正式推出个性化定制服务。过去，其他汽车公司推出的个性化定制服务基本上都是厂家做好车型，消费者对颜色、汽车的简单配置进行选择。奥迪公司推出的个性化定制服务与之相较有明显的不同，它从汽车设计、汽车制造等多个环节入手真正实现了汽车的定制化生产。

◆ 定制模式在家电行业的应用

随着社会的发展，家电企业亟须转型升级，定制已成为企业转型升级的重要方向。现在，家电用户群体日益年轻化，对家电产品的个性化需求日益鲜明，对科技化、时尚化、个性化生活的追求日益强烈。

面对这种消费趋向，以海尔、三星、美的、西门子为代表的家电企业开始为消费者提供家电产品定制服务，以满足消费者对家电产品的个性化需求。借助家电产品定制服务，消费者不仅可以对家电产品的外观，如家电尺寸、外形、颜色等要素进行自由设计，还能自由选择家电产品的性能配置，去除冗余的性能配置，增添符合心意的性能。

在国内，海尔是率先推出家电定制服务的企业。2011 年，海尔推出了一个新品牌——统帅电器，其品牌定位就是家电定制。现在，统帅电器的知名度已达到了一定的高度，其品牌形象也日渐优化。

对于家电企业来说，家电定制是其从“红海”进入“蓝海”的一次有益尝试。受大规模生产的影响，家电企业产能过剩现象非常严重，企业竞争日益激烈，以价格战来增加销量的方法失去了应有的效用。面对这种情况，家电企业要想实现可持续发展，必须对商业模式进行创新，家电定制就是创新商业模式的主要途径。所以，各家电企业纷纷希望能借助家电定制对顾客需求及市场结构进行创新，抢占先机，提升市场竞争力。

◆ 定制模式在移动医疗领域的应用

定制不仅是推动传统产业转型发展的主要动力，也是新兴产业创新发展的主要渠道。移动健康产业是新兴的高科技产业，其内容主要是将移动通信技术融入医疗保健领域，为顾客提供具有针对性的、个性化的医疗健康服务。从消费者的角度来看，相较于传统医疗保健产业来说，移动健康产业最大的特点就是定制化的广泛应用。

首先，移动健康产业的服务商会推出一些基本的服务模块，消费者可根据自己的需要对这些服务模块进行定制。例如，消费者根据自己的需要定制几项健康服务，使用可穿戴的移动终端设备采集身体的各项数据，并将其传送到移动健康企业的信息存储及处理中心，对其进行专业的分析与监测，为用户构建健康预警管理体系。

其次，消费者定制可移动终端。可移动终端指的是手机、手表、汽车、眼镜、服装等产品，消费者可自由选择其颜色及款式，彰显个性，实现个性化定制。

最后，消费者可将定制医疗与保健服务相结合，将数据传输到医疗服务平台定制医疗保健服务，如远程诊断、信息管理、个人救助系统等。

未来，移动健康产业或将呈“井喷”之势，诱发这种趋势的原因有两点：一是移动健康产业对大数据、云计算等技术实现了创新应用；二是创新了商业模式，为消费者提供了便捷的、个性化的定制服务，推动新技术实现了商业化。

◆ 定制模式在旅游行业的应用

近年来，定制旅游备受消费者喜爱，在旅游业务中的占比也有了大幅提升。在国外，定制旅游是非常主流的旅游方式，它以旅游者的实际需求为依据对旅游流程进行设计，以满足旅游者的个性化需求。

定制旅游对顾客的个性化需求异常重视。旅游公司主动与游客沟通，为其提供顾问式服务，帮助其制定旅游路线，选择特有的旅行方式。在旅游的过程中，旅游公司的工作人员要扮演好导游角色，为游客提供指导，为其提供全面的、灵活的专业服务。为保证游客对定制旅游服务的满意度，旅游公司会率先派出专业人员对旅游目的地及旅游路线进行考察，制定行程方案，做好预案，实时与游客沟通，满足游客的个性化需求。

定制旅游的旅游路线设计可以以顾客的个性化需求为主题来完成，如以蜜月为主题定制旅游、以修学为主题定制旅游、以投资为主题定制旅游等。相较于传统旅游来说，定制旅游的理念和方法有很大差别。在定制旅游服务下，游客所获得的旅游享受与其所支付的费用之间的比例关系是非常合理的。通过旅游，游客能有效地达到旅游目的，获得独特的旅游体验。

现阶段，企业竞争规则正在随着技术发展、市场结构变化、消费文化的变革而改变。在 3D 打印技术引导下开展的第三次工业革命也好，近期备受关注的工业 4.0 也罢，都将“定制”视为制造业发展的主趋势。

受该变化趋势的影响，标准化生产将逐渐被抛弃，定制化生产将成为新宠。刚性生产系统将朝可重构制造系统转变，工厂化生产将朝社会化生产转变，顾客与企业将更加紧密地结合在一起，二者之间的界限将不再泾渭分明，顾客将在消费功能之外承担起设计与生产功能。在这种情况下，传统产业也好，新兴产业也罢，谁能高效地为顾客提供定制化产品，谁就能取得竞争优势，在激烈的市场竞争中获得胜利。

中国企业要想适应这种变化趋势，就必须将定制视为创新企业商业模式，提升企业竞争力的主要手段。

首先，要推动定制模式在各行各业广泛应用。借助定制模式，传统企业可冲破“红海”，进入“蓝海”，还可实现转型升级。

其次，提升定制深度。现阶段，虽然我国很多企业都在尝试推行定制模式，但其深度比较浅，只能停留在订单装配生产、订单制造生产阶段。接下来，我国的定制模式要向订单设计生产阶段深化并延伸。

最后，提升定制效率。企业采用定制模式，不仅要重视为用户提供个性化的产品，打造差异化竞争优势，还要想方设法降低成本，提升定制生产的效率，为用户提供更优质的定制服务。

总之，在新时期，定制是企业获取竞争优势的重要手段，企业必须正视定制、应用定制、创新定制，实现更好地发展。

◎ 产品定制：产能过剩下的企业抉择

随着现代企业的发展，规模与利润日渐成为一对对于企业来说不可兼得的矛盾，企业在运营过程中往往要面临两难选择。如果企业注重规模，就要牺牲利润，压低产品价格，这样的结果就是企业利润逐渐下降、收益逐渐减少，竞争格局呈现“剩者为王”的态势。如果企业注重利润，就要提升产品价格，牺牲规模效益，企业所占据的市场份额会逐渐缩小，企业甚至会面临被挤出市场的危险。

在这种情况下，企业亟须找到一种既能获取利润，又能获取规模效益的营销模式，大规模定制为其提供了一条有效的出路。在现如今的经济形势下，如果企业能推行大规模定制模式，就能在利润和规模之间找到平衡，推动企业实现更好地发展。

企业或品牌的发展态势深受社会需求的影响。在物物交换时代，商品极其匮乏，所有人的需求都是以彼此需要为基础建立起来的。在这个时代，人们面临的最大难题就是能满足需求的产品少之又少，消费者最基本的需求都难以满足。

在商品匮乏时代，商业的主要形态就是新产品之间的竞争，只要企业能发明一种新产品，就能获得极大的市场竞争优势，获取丰厚的利润。简单来说，商品匮乏时代是一个“一招鲜，吃遍天”的时代。

随着工业革命、机器的普及应用，在大规模生产方式下，物质逐渐丰盈，商品匮乏时代一去不复返，社会进入了产品异常丰富时代。在这个时代，市场竞争愈发激烈，即便企业有独树一帜的产品，如果没有高效的传播手段吸引消费者的注意也无济于事。于是，企业将主要精力集中在广告传播与创意策划领域。

后来，社会进入了极度过剩时代，拥有优质产品的企业，不仅要扩大产品的知名度，让消费者能找到产品，还要增强消费者对产品的忠诚度及信任度，形成连续性购买。在这种情况下，品牌就成了企业实现持续运营的关键。

所以，对于现代企业来说，根据本时代消费者的需求特征来选择合适的商业模式，对企业的现在和未来将起到关键作用。

但是，我国很多极具社会责任感和使命感的企业都是随历史发展潮流而生的，在企业运营方面几乎毫无经验，更遑论产品定位及销售模式选择。当然，我们不能完全否定这些企业存在的意义，能在激烈的市场竞争中存活下来、实现发展证明这些企业都是顺应历史发展潮流的。

只不过，这些企业没有想到，国内市场会以如此之快的速度发展，使他们刚刚适应了产品异常丰富时代的市场环境，就要面对产品过剩时代的挑战，这种市场变化让其措手不及。

在产品过剩时代，其典型特征是：产品严重过剩，消费者需求愈加多元化，细分市场逐渐增多，市场范围越来越窄，消费者不用忧心买不到称心如意的商品，却要忧心如何选择一款与众不同、标新立异、适合自己的产品。面对这种市场环境，企业要采取何种措施才能在满足消费者个性化需求、获取额外利润、以大规模生产控制成本三者之间找到平衡，就成了企业的共同话题。

现阶段，在市场上有两种截然不同的销售模式，一种销售模式定位于高端市场，以牺牲规模来换取超额利润，其代表企业有奔驰、LV、范思哲、欧莱雅等；另一种销售模式定位于低端市场，以超低的产品价格来扩展市场份额，以超级规模来维持企业发展，其代表企业有格兰仕、沃尔玛等。

这两种截然不同的销售模式都获得了成功，那些游离于这两种模式之间的企业，也就是那些既无法以超高的产品价格获得超额利润，又无法以超低的价格来抢占市场获得规模效益的企业处境异常艰难。这些既没有品牌优势，又没有规模优势；既不能向高定价、超额利润方面靠拢，又无法向低价格、规模效益方面贴近的企业，要想冲破艰难的生存困境，就只能走差异化之路。

这里的差异化既不是产品的差异化定位，也不是渠道的差异化布局，而是企业与消费者之间价值链条的差异化。也就是说，企业既要解决利润不足的问题，又要解决规模不足的问题。于是，在产品过剩时代，以消费者需求为基础形成的大规模定制就成了企业的必然选择。

4.2 竞争新蓝海：企业大规模定制的战略优势

◎ 战略机制：颠覆传统的批量生产模式

随着市场竞争的不断加剧及人们不断追求个性化及差异化，企业能够针对用户需求提供定制产品及服务就显得尤为重要。但是单一的定制产品及服务的受众范围毕竟有限，很容易造成产品生产成本及生产周期大幅度增长。这种局面下，大规模定制化生产开始受到企业界的一致青睐。

生产力的不断提升，使人们的收入水平及购买力大幅度增长，再加上更加注重个性化及娱乐化的“80 后”及“90 后”群体的不断崛起，个性化已经成为新消费时代的代名词。与此同时，很多企业采用的传统大规模批量生产模式为其带来了严重的库存压力，因为这些同质化的产品根本无法满足消费者的个性化需求，供给与需求严重失衡，整个全球经济也陷入了长期低迷状态。

大规模定制化是一种全新的生产方式，它在满足用户个性化需求的同时，兼具大规模生产的效率及成本，从而使企业在市场竞争中建立强大的竞争力。事实上，在制造水平与科技水平发展如此迅猛的当下，想要在产品的质量、功能方面拉开差距的可能性越来越低，这也导致了越来越多的行业陷入一轮又一轮的价格战。因此，企业实现差异化竞争的重点应该放在满足消费者的个性化需求方面。

大规模定制化在为用户提供定制产品的同时，通过对产品生产流程、产品结构、供应链管理等方面的优化改造实现大规模生产，这样既能满足用户的个性化需求，又能使自己从中获取可观的收益。大规模生产能够有效降低生产成本及生产周期，而定制化则充分满足了用户的个性化需求。所以，大规模定制化是一种迎合了消费趋势及市场竞争趋势的有效方案。

大规模定制化的战略机制主要包括以下四种：

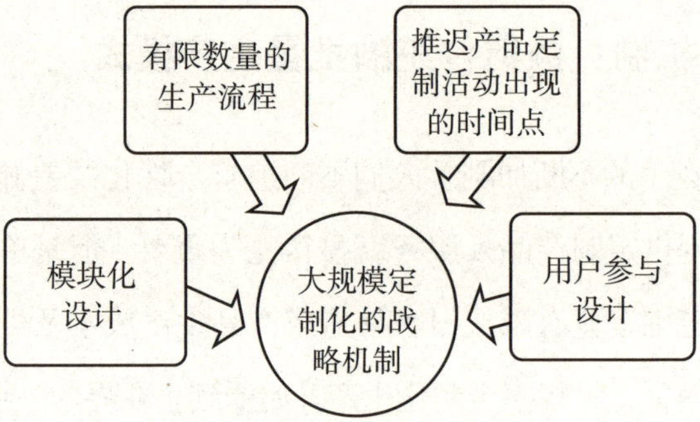

图4－5　大规模定制化的战略机制

（1）模块化设计。模块化设计是指在产品设计过程中，将产品拆分成不同的功能模块进行设计。这些功能模块能够直接影响成品的功能、外观等，让用户对这些不同的功能模块进行定制，就可以满足他们的个性化需求。以台式电脑为例，电脑同时包含了多个功能模块，如显卡、电源、硬盘、内存条、处理器、散热器等，通过对其中的模块进行定制，就可以充分满足用户的个性化需求。

（2）有限数量的生产流程。大规模定制化要想取得成功，就必须将产品的生产流程控制在一定范围内，因为生产流程太过复杂就很容易导致生产成本及生产周期大幅度提升。尽量让生产流程的单个环节专注于一个模块，通过对模块的关键变量进行控制就能实现模块差异化，进而实现整个产品的差异化。当然，企业要为消费者提供一个清晰的产品模块配置清单来供客户进行消费决策。

（3）推迟产品定制活动出现的时间点。大规模定制化的产品生产可以分为两个阶段，第一个阶段是企业按照标准流程进行批量生产的阶段，第二个阶段是根据客户订单对有关模块进行定制生产并组装成为成品的阶段。如上面提到的台式电脑，其主板与机箱就是大规模批量生产，而硬盘、处理器、散热器、显示器、说明书等部件就可以根据用户的个性化需求进行定制。

（4）用户参与设计。用户参与设计是大规模定制化的核心所在。用户可以对产品的每一项功能选择一个明确的量化指标，要求商家进行定制生产。例如，用户可以为自己的定制台式电脑选择 21 寸显示器、1TB 的硬盘、8G 的内存、A8 的显卡等。

◎ 大规模定制给企业带来的竞争性优势

从需求心理来看，人们希望自己购买的产品能够具备较高的质量、较低的价格、良好的售前及售后服务、充分满足自己的个性化需求。而传统的大规模生产在生产成本方面具备较高的优势，但在用户个性化需求的满足方面却令人相当失望。

大规模定制化则是满足人们这些需求心理的有效途径，它能够为企业构建强大的核心竞争力。下面将分别从大规模定制化的四个战略机制角度分析其具有的优势。

◆ 模块化设计优势

在大规模定制化的基础上，企业希望找到一种高效率、低成本的生产方案来为用户提供定制产品及服务。为此，企业需要充分确保产品生产流程更为简单而且灵活。

模块化设计无疑是实现这一目标的有效方案。对于大部分企业而言，实现控制成本与满足用户的个性化需求是一件相当难的事情，解决这一问题不能单纯依赖科学技术及制造工艺的持续突破，而是应该为产品设计一种清晰灵活的产品结构。

在产品的每一个生产流程专注于一个模块的前提下，模块化设计能够有效降低产品设计、生产、组装、配送等环节的复杂性，这无疑能够为企业大幅度降低生产成本及缩短生产周期，为企业在参与市场竞争的过程中带来巨大优势。

◆ 有限数量生产流程的优势

生产流程的简化使企业生产计划工作量降低，日常安排变得更为灵活，从而减少企业内耗。而且能够有助于增强企业各部门之间的交流合作，提升企业运营效率、降低管理成本。

◆ 推迟产品定制活动出现时间点的优势

定制活动出现的时间点越晚，越意味着企业可以将更多的模块实现批量生产，这能够有效缩短定制产品的生产周期，让企业更为灵活地满足用户的个性化需求并应对市场竞争。

◆ 用户参与设计的优势

大规模定制化强调用户参与设计，越来越多的用户参与到产品生产过程后，企业与他们之间的距离被缩短，在让企业更为全面、系统地了解用户需求的同时，也提升了用户的参与感及忠实度，有利于企业实现口碑传播。此外，让用户参与产品设计也是现代企业所倡导的人性化思想的直接体现，它能让企业与用户建立良好的信任关系。

例如，一家企业为用户开发出了一种能够定制产品的在线互动系统，人们可以通过该系统对产品的功能、外观、颜色、材料、配送方式、支付方式等进行定制，企业收到客户的订单后，向上游的供应商进行反馈，由供应商组织生产、配送及售后服务等。在这一案例中，企业让消费者充分参与到产品设计过程中，不仅不需要承担库存及资金压力，而且消费者也十分愿意为这种参与感极强的“一站式”购物服务支付更高的成本。

◎ 模块化设计：建立企业的竞争壁垒

在很多情况下，受竞争战略的影响，企业在降低生产成本和满足多样化需求方面的关注重点不同，在标准化和定制方面的选择也不同，由此在不同产业之间或在同一产业内形成了不同的生产模式。

定制能够有效提升企业的竞争力，为企业发展提供助力，具体分析如下：

首先，通过定制，企业能够生产出具有差异化的产品，这些产品能为消费者提供与众不同的使用体验，满足消费者的个性化需求，提升产品的附加值；

其次，通过定制，企业能吸引顾客参与产品设计与生产，增强与顾客的沟通与交流，切实了解顾客需求，让产品更贴近顾客需求，提升顾客对产品的满意度，同时构建深层次的客户关系；

最后，在定制模式下，企业按照客户需求组织生产，生产出来的产品基本上都能销售出去，减少了库存积压，甚至实现了零库存运营，使企业的物流成本大幅下降。

大规模定制遇到的困境是生产成本及生产周期。毫无疑问，客户要求对产品进行个性化定制会增加产品的复杂度、设计及加工难度等，从而造成成本大幅度增长。如何确保企业能够以较低的成本满足用户的个性化需求是企业需要重点解决的问题。

传统的大规模生产，企业先生产出产品，而后将其出售给消费者，消费者下单后即可立即发货。然而大规模定制是企业先了解客户的需求，然后再生产产品，必定会造成交货周期明显增加。所以，如何在满足用户个性化的同时，控制产品交货周期是企业需要解决的又一难题。

企业本身的设计能力、制造水平、供应链及物流管理水平、信息化水平等，都会对大规模定制的效率及成本带来较大影响。这就要求企业加强信息化建设、变革组织结构、提升供应链管理水平及柔性生产能力。与此同时，企业还要注重培养相关方面的人才，积极组织员工参加培训活动，全面提升员工的业务水平与综合素质。

大规模定制生产的逻辑是将产品定制生产问题借助产品重组及流程重组转变或者部分转变成为大规模生产问题，尽可能地控制定制环节及零部件的数量。因此，在实践过程中为了使大规模定制生产能够落地，一方面，企业需要培养员工的模块化设计思维，尽可能借助标准化模块来控制定制模块的数量；另一方面，应该在产品生产过程中，推迟定制活动出现的时间，尽可能地应用标准化的生产环节，并压缩定制环节。

模块化设计将产品的结构设计划分为独立性的模块，仅需要对不同的模块进行组合就能为客户提供各种类型的产品及服务。这样既能充分满足用户的个性化需求，又不会造成生产成本及交货周期的明显增长。

从产品设计角度来看，其模块化水平越高，便意味着定制产品中的模块及零部件实现标准化的可能性越高，这就为企业将一些标准化的模块及零部件外包给第三方供应商打下了坚实的基础，企业也有大量的时间与精力放在核心模块及零部件的研发方面。

推迟定制活动出现的时间，是指尽可能将产品的定制活动在后端环节进行。企业界将生产活动中定制活动出现的时间点命名为“客户订单分离点”（CODP）。在该点出现前，企业的生产可以根据自身对市场需求的判断及自身的战略需求来决定；在该点出现后，意味着企业要根据客户的需求进行定制生产，因此，推迟 CODP 有助于企业降低生产环节的复杂度及时间成本，有效控制成品库存等。

以惠普公司为例，以前惠普公司的台式打印机在位于温哥华的工厂完成全部环节，经过对供应链进行优化，温哥华地区的工厂生产通用型打印机，将打印机运输到目标市场后，当地的销售中心或者代理商将负责根据用户的个性化需求，来添加变压器、电源插头、产品说明书等。

经过这种调整后，惠普公司的台式打印机库存预算降低了 18%，每年节省的库存管理成本高达 3000 万美元。而且由于当地销售中心或代理商对本土市场更为了解，通过增加一些人性化设计也有效提升了用户体验。

本质上，模块化设计属于产品结构设计的范畴，它为企业带来了规模经济的优势。推迟定制活动出现的时间点则属于过程设计的范畴，是对产品生产过程进行优化重组。模块化设计为推迟定制活动出现的时间点奠定了基础，如果企业没有将产品的模块及零部件实现标准化，根本不可能将用户的个性化需求定制活动推迟到后端环节实现。

◎ 大数据 C2B 定制：平衡个性化与规模化

随着 C2B 概念的不断推广普及，人们对这种用户需求主导的产品定制生产模式已经有了一定程度的了解。C2B 定制是指消费者按照自身的个性化需求来定制产品及价格，甚至是参与到产品的设计、生产及定价环节，企业负责对这些个性化产品进行生产。

在企业界广为传播的C2B定制案例便是戴尔，戴尔让消费者可以通过电话或者网站来提供产品定制方案，然后由戴尔负责生产。在智能手机领域，出现了以青橙为代表的定制手机品牌商，用户可以按照自身的需求选择合适的手机外观及软硬件配置等。苹果公司也为顾客提供了雕刻文字的定制化服务。用户可以在尚品宅配家居网中对家居产品进行定制。MG5极客版汽车让用户可以实现对座椅、控制系统、语音助手对驾驶员的称呼等方面的定制。

上述这些案例无一不是主打满足用户的个性化需求，但我们知道个性化与规模化之间存在着一定的矛盾，如果商家按照小批量的个性化定制生产，必定会付出极高的成本。此时，要么定制“缩水”（只能通过改变颜色、外感等实现浅层次定制），要么选择在以家居产业为代表的商品利润较高的领域为用户提供定制服务。

◆ 平衡个性化与规模化

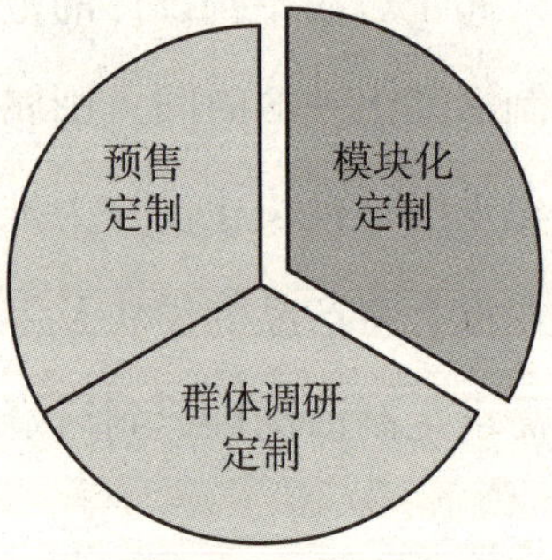

图4－6　平衡个性化与规模化的策略

（1）模块化定制。通过对产品设计及生产进行优化，使产品实现模块化及标准化，只需要对标准化的模块进行拼装组合就能够实现个性化，避免由于定制生产带来的成本大幅度增长。

戴尔、青橙皆属此列，在天猫及京东上也有一些商家尝试按照这种思路提供定制生产服务。但这种 C2B 定制并不能充分满足用户的个性化需求，仅是在浅层次上实现定制生产。商家的出发点是为了在较短的时间内获取一定规模的用户需求，并为之提供相应的商品，这会对企业的供应链管理带来巨大的压力。

（2）群体调研定制。让目标群体参与到产品设计、生产及定价中来。这种模式并不是严格意义上的 C2B 定制，因为随着越来越多的企业设置产品精力这一岗位，绝大多数产品在生产之前都会尽可能地获取用户的需求。小米将这种玩法升级为粉丝经济，让广大米粉参与到手机功能、配置的讨论中，并快速提供开发版产品让用户试用，然后进行大规模推广。

本质上，这仅是简单地借助互联网将用户需求调研覆盖的范围进一步扩大，海尔也曾经在天猫上发起一项关于冰箱功能的投票活动，从而可以让用户对冰箱的部分功能进行投票。

（3）预售定制。先收集用户需求，然后进行生产。在这种模式中，商家的逻辑是了解用户是否存在某种需求，如果存在就先下单付款，而不是为了去搜集用户的个性化需求。预售定制模式让企业可以先获得部分或者全部货款，而且不会存在库存压力，有时还能通过限时限量来搞“饥饿”营销。以小米为代表的诸多互联网公司深谙此道，而且众筹平台的出现更是为预售定制提供了更为广阔的探索空间。

上述三种模式都能够有效降低定制生产的成本，这在让商家满足用户的部分个性化需求的同时，又能实现商品的规模化生产，可谓是双方共赢。但我们也注意到，这三种模式商家的出发点并非是满足用户的个性化需求，而是为了控制成本、缓解库存压力、提升转化率等。

◆ 未来的 C2B 定制：基于大数据

在上述三种 C2B 模式中用户都是主动参与者，互动、选配、调研、预售等都要让用户直接参与。而天猫基于大数据的 C2B 模式则能够让商家在无须用户参与的基础上，实现对产品的设计、生产、定价、营销、售后等环节的定制。

天猫将根据用户的搜索数据、购物车、购买记录、商品评价、社交数据、兴趣爱好、购买力、消费水平等制作用户画像。

通过对用户数据进行分析，可以帮助商家对产品设计、功能、外观等进行调整，如卧式吸尘器的垃圾倾倒设计有违人性化，因为用户每次倒垃圾时都需要弯腰；广东用户尤其需要吹风机，因为此地天气湿热等。这些分析结果能够有效地帮助商家对产品进行优化调整，当然除了调整产品外，还能帮助商家根据不同地区在不同时间段的消费需求来调整产能、优化库存等。

目前，天猫已经启动了数据共享计划，将自身积累的海量数据提供给生产商，从用户流量、价格分布、用户评论及用户搜索等方面深入分析，发掘潜在的消费需求、服务痛点、增值卖点等来指导企业的生产及运营。2014 年，天猫承包了包括美的、九阳、苏泊尔在内的知名小家电品牌的 12 条生产线进行 C2B 定制化生产。

基于大数据的 C2B 定制无须用户主动参与，可以有效避免用户因为商家掌握自己隐私信息而产生不安全感及对商家的排斥感，能够满足商家降低库存压力、提升转化率及为用户提供定制服务等方面的需求。具体来看，实现基于大数据的 C2B 定制需要做好以下四个方面：

（1）搜集海量的用户数据；

（2）从这些数据中能够分析出指导商家生产的有价值的结果；

（3）掌握处理海量数据的大数据分析技术；

（4）打通生产、流通、销售、售后等诸多环节。

不仅是小家电市场，服装、3C、家居等诸多领域都能实现基于大数据的 C2B 定制生产。像天猫这种综合电商平台，除了承包生产线外，还可以探索其他的大数据 C2B 定制模式，如将自身分析出的结果出售给有需求的生产商等，未来会有越来越多的互联网公司争相效仿，从而为那些不具备大数据分析能力的中小生产商应用大数据 C2B 定制模式提供了一种有效的途径，最终推动 C2B 定制时代的全面到来。

4.3 瓶颈与突破：制造企业如何实施大规模定制

企业实施大规模定制生产面临的困境

第一，现今，很多企业都意识到社会已经进入产品过剩时代，必须转变销售模式及经营策略。但很多企业迟迟没有行动，这是因为企业推行定制化生产方式，固然能获取超额利润，但也将面临诸多困境。首先，品牌的历史积淀不足，难以获取消费者的信任；其次，品牌诉求需要投入大规模宣传费用，企业无力支持；最后，消费者的规模需求不足。这三大困难不能得以有效解决，定制之路必将走向终结。

如果企业不推行定制化生产方式，依然采用大规模生产方式，就一定会被无止境的价格战所累，难以获取利润，难以维持企业发展。于是，问题又回到了是选择规模，还是选择利润；是推行规模化生产方式，还是推行定制化生产方式。

如果在过去，企业要想兼得规模与利润几乎是异想天开，因为从经济学的一般规律来讲，企业要获取超额利润就必须有充足的价格空间，而提升产品或服务的价格势必会导致销量减少，那么企业要如何在超额利润与销售规模之间找到平衡点呢？该问题是企业推行大规模定制面临的首要难题。

第二，产品定制模式的推行需要企业及时响应消费者需求，但因为消费者的需求具有多变性，难以精确把握，在某些领域还经常出现单件品定制的情况，如名人服装定制、首饰定制等，为企业及时响应消费者需求带来了极大的困难。

对于单件品定制而言，如果仅从价格角度考虑，企业也能从中获得超额利润；但从规模化生产角度考虑，企业从单件品定制中获取超额利润的同时也失去了规模化生产所带来的巨大机会成本，对企业来说，这个损失是巨大的。

因为，在产品极度过剩时代，如果企业不能实现规模化生产，其市场影响力必将逐渐下降，甚至消失。因此，对企业来说，要想实现大规模定制，必须提前将客户需求标准化，将产品标准化。

第三，大规模定制给企业运营带来了新的挑战。过去，企业营销模式建立的基础是企业自身所销售的产品；现今，大规模定制模式建立的基础则是客户需求。在这种模式下，获取客户需求——为客户提供服务的全过程都是建立在“让客户满意”这一销售理念的基础之上的。这种销售理念不同于传统的以产定销理念，也不同于传统的被动式客户服务理念，它的推行需要企业构建一个集产品研发、制造、销售、服务于一体的强大供应链体系。如果企业难以解决这个问题，大规模定制的推行依旧遥不可及。

◎ 细分客户需求，实现产品设计标准化

有部分观点认为，大规模定制这种模式一般的企业学不了。具体来说，如果某企业已成功推行大规模定制模式，并将大规模定制视为企业的核心竞争力，那么该企业的这种运营模式就很难复制，如戴尔电脑。

戴尔电脑的运营模式：首先，收集客户订单，这个订单是企业专门为客户设计的，客户可以依据自己的喜好和需求从订单目录中勾画选择，完成个性化定制；其次，公司会对这些订单进行整合，将其统一下发到生产部，根据客户需求进行生产。正是借助这种模式，戴尔实现了零库存运营，节约了周转资金，在激烈的市场竞争中获得了独特的优势。

戴尔模式是不能被学习和复制的。从本质上来讲，戴尔模式就是大规模定制，独属于戴尔电脑的戴尔模式不能被学习和复制，但这种模式背后的大规模定制却是可以学习和借鉴的。

◆ 细分客户需求

基于细分客户需求的标准化定制是企业推行大规模定制的基础，在此阶段可能出现两种情况。

（1）企业凭借强大的实力强行开拓一个新的细分市场，创造一个新的客户需求，对其特性进行规范，成为消费潮流的领跑者，这个过程或可称为主动式客户需求的标准化过程。该模式的代表企业是凡客。

凡客对男性休闲衬衫这个细分市场做出了精准的定位，以男性白领休闲衬衫为对象创造了一种新的销售模式，打破了衬衫只能通过传统渠道销售的现状，向目标消费者传达了这样一个观念：有品位的、时尚的消费者要从凡客所提供的几款衬衫中进行选择。这种创新的销售模式为凡客带来了十几亿元的销售成绩，有力地证明了这种开拓性开发式客户模式的成功。

（2）被动式需求的标准化。被动式需求标准化与主动式需求标准化相对，在企业面对需求各异的客户的情况下，企业要做的就是对这些多元化的需求进行整理，将其递交到企业总部。企业总部通过需求分析提炼出客户的核心需求，形成标准化产品。该模式的代表企业就是戴尔、肯德基。

肯德基每在一个地区开设一家分店就要对当地的饮食习惯进行了解，以当地消费者的饮食偏好为依据开发新产品。例如，针对北方消费者的饮食偏好开发的玉米系列、胡萝卜系列产品；针对南方消费者的饮食偏好开发的汤粉系列、酸辣系列产品等。

这两种不同的信息处理模式有相同之处：企业所研究的客户是有针对性的细分群体，企业对这个群体的需求进行分析、整理，形成最终产品，为其提供有限的标准化服务。企业借助这种有限的标准化服务为大规模制造的推行提供了前提。

◆ 产品设计标准化

企业在明确目标消费群体及其需求之后，下一步就是推动产品实现标准化。这个过程涉及一个组合问题，厂家推动产品需求实现标准化之后，客户会在厂家引导下，依据自己的喜好对个人标准化需求进行设定，形成个人订单。在个人订单形成之后，企业就要根据订单来组织产品生产。如果企业的设计研发能力及生产制造能力过于薄弱，那么对于企业来说，这种订单将毫无意义。要解决这个问题，企业必须做到以下三点：

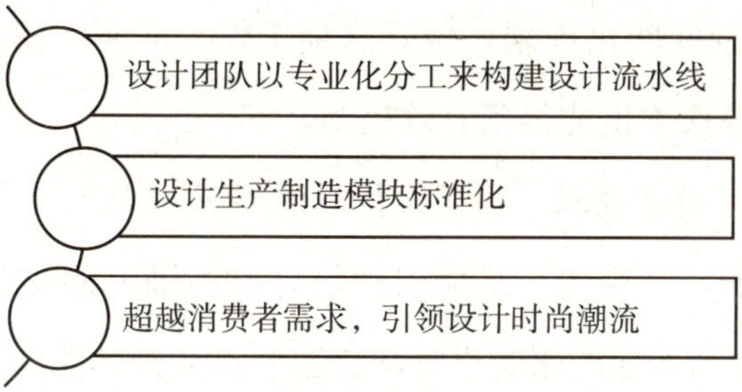

图4-7 企业如何实现产品设计标准化

（1）设计团队以专业化分工来构建设计流水线

如橱柜行业，橱柜产品生产本身没什么超高的技术要求，就是将木材、板材、配件组合成一套家具而已。但是因为橱柜安装受到的限制因素非常多，如厨房面积、水槽尺寸、橱柜面板尺寸、灶具尺寸、橱柜安装位置等，所以尚未安装的橱柜产品被称为半成品。如果橱柜产品的安装还要与整体的家装风格相协调，要保持超高的美观性，那么企业推行大规模定制化生产将面临巨大困难。在橱柜行业，运营得较为成功的企业当属欧派。

欧派根据客户需求对其团队进行了专业化分工，有美工设计团队、结构设计团队、布局效果设计团队、创意构思设计团队等各种团队。一旦顾客提出个性化需求，这些团队就会分工协作快速形成设计效果图，客户能从电脑上看到自己构思的橱柜形象，快速做出消费决策，并愿意为其支付额外报酬。

（2）设计生产制造模块标准化

从成本角度考虑，如果企业推行大规模定制模式，必将产生额外的经营费用，增加经营成本。因此，企业在设计阶段就要以生产工艺为依据对产品各模块的标准化程度进行规划。如家用电器，企业在设计阶段要对所有产品架构、各个产品模块、所有产品配置（大到零部件，小到螺丝钉）进行标准化规划。做好这项工作，即便产品各有不同，其生产成本、服务成本也能得到有效控制。

（3）超越消费者需求，引领设计时尚潮流

在世界各服装品牌中，最能引领设计时尚潮流的品牌当属 ZARA。ZARA 有近 400 名专业的服装设计师，这些设计师的主要工作就是参加各种时装周或者展览会，发现优秀的服装设计，然后以其为参照尽快设计、生产出新产品，新产品的设计、生产要在 12 天内完成，然后借助限量发行的方法，将产品销往世界各地。

ZARA 这种“以低廉的价格购买一流时尚服装”的概念吸引了众多

消费者的关注，增强了消费者黏性。于是，无论 ZARA 推出何种产品，都能被人们抢购一空。在这种情况下，是否标准化已不再重要，因为 ZARA 满足了消费者享受明星待遇、不与他人“撞衫”的个性化需求。

◎ 整合产业资源，建立垂直一体化管理

◆ 整合上下游产业资源，打造高效供应链体系

企业面对的客户需求多种多样，这些多样化的客户需求最终要借助产品组合以价值增值的方式体现出来。在整个供应链系统中，有两层供应关系最为关键，分别是企业与消费者之间的供应关系和企业与供应商之间的供应关系。前者对消费者的接受价值有直接影响，后者对企业的材料成本有直接影响。

事实上，在整条价值链中，企业供应商也为客户提供了价值增值，只不过这种作用关系比较间接。在传统生产模式下，从产品设计到产品生产都要由企业一力承担。而在大规模定制生产模式下，企业只需要做好自己擅长的工作即可，其他工作可尽数交由产业链中效率较高的其他企业来完成，最终形成产品交给提交定制订单的客户，满足其对产品的个性化需求。

以 ZARA 为例，ZARA 的成功经营依赖于两大要素：一是企业独特的销售能力；二是企业高效的供应链体系。ZARA 为提升产品设计、生产效率，完成 7～12 天推出新产品的目标，对产品设计、生产进行了分工。ZARA 公司负责产品设计、剪裁、印染等工序，剩余的工作全部外包给附近的小工厂，这些小工厂的数量达 500 多个。此外，ZARA 为了提升物流效率，保证产品的供货期，有时还会使用飞机进行货物配送。

独立设计与生产、外包生产、高效的物流配送体系，在这三者的相

互作用下，ZARA构建了一个反应迅速、能实现立体化配合的综合服务模式，这种模式是其他企业难以学习、复制的。

除ZARA外，国内的PPG、VANCEL等企业的供应链管理模式都具有鲜明的大规模定制特征，值得众企业学习和仿效。

◆ 建立垂直一体化的内部管理体系

大规模定制是一个在解决客户需求，提升客户满意度的基础上形成的系统性工程。这个系统包含诸多环节，从前期需求调查到后期产品服务，一旦某个环节出现问题，大规模定制都将面临失败的风险。

在“T”形车时代，美国福特公司将大规模标准化生产做到了极致，创造了“福特时代”“福特模式”。之后，以消费者多样化、个性化的需求为依据，通用汽车公司首先将细分市场标准化，然后再进行规模化，创造了个性化的汽车生产模式，开创了“通用时代”。

在电脑领域，在过去很长一段时间里，IBM公司都处于霸主地位，但其霸主地位却被初出茅庐的“大规模定制”所颠覆。

现今，传统零售业与现代电子商务模式融合的PPG模式给传统服装零售业造成了巨大的冲击。

上述事实均证明，消费者个性化需求实现规模化之后拥有强大的魅力。对上述案例进行比较分析可发现，这些身处不同行业的企业之所以能成功推行大规模定制模式，其关键原因在于这些企业都以企业运营机制为基础，建立了科学的、专业的分工管理体系。

企业成功推行大规模定制离不开两大要素的支持：一是快捷的市场反应能力；二是高效的供应体系。在企业垂直一体化的管理体系中有三大核心点，分别是信息流、产品流和现金流。其中，信息流的主要任务是确认消费者的个性化需求，收集消费者的反馈信息，做好后期的服务支撑工作；产品流的主要任务是以解决消费者的个性化需求为目的，为其提供物流支持；现金流主要负责企业运营工作。

在企业内部，这三个核心点完全交由设计研发、物流配送、生产制造、服务支撑、现金制造构筑的运营平台来控制。当然，企业不同，所采取的管理方法也不同，但无论企业采取何种管理方法，其最终目的一定是在这三个核心点上超越竞争对手，为大规模定制的落地提供保障。

在完成上述工作之后，当企业能以较低的成本、较高的效率生产出能满足客户个性化需求的产品时，企业大规模定制模式的推行就有了实现的可能性。大规模定制模式一旦落实，企业的销售规模将日渐扩张，企业将获得源源不断的利润，企业的运转速度及运转效率将日益提升，企业与竞争对手间的差距将逐渐缩小，最终将赶超竞争对手成为行业领跑者。

大规模定制不能复制和模仿，必须由企业在经营过程中不断积累、沉淀。现阶段，那些以客户需求为导向，真正为客户的个性化需求提供解决方案的企业都已经开始推行大规模定制，只不过其在规模和程度方面有所差异而已。

◎ 企业实施大规模定制的七大管理策略

◆ 建立高效的组织和团队

从组织结构的角度来说，企业推行大规模定制有两点要求：一是组织内部有专业化的分工；二是组织内部有熟练的操作人员。专业化分工可借助清晰的流程将各分工单位串联起来，并以此为依据对各个关键点进行界定，厘清工作要求及岗位职责。之后，企业就可以据此招募合适的团队，将其填充到各个工作岗位上去，为组织战略目标的实现提供保障。

具体来看，首先，企业要制定战略目标；其次，根据战略目标规划组织架构；再次，根据组织架构确定企业的运营流程；最后，根据运营流程明确岗位职责。大规模定制最主要的特征就是按需应变，对组织运营效率及响应速度提出了很高的要求。企业要想提升组织运营效率及响应速度，就必须构建流程驱动型体系。在标准化流程的作用下，之前因过分强调组织灵活性、过分分工而造成的企业效率下降问题有了解决出路。

岗位职责只是对该岗位工作要求的描述，其能否有效落实、落实效果如何还依赖于员工的能力水平及业务素质水平。企业要推行大规模定制需要选拔人才，人才选拔的难点就在于如何保证员工按企业既定流程开展工作。要想解决该问题，企业就要对工作开展过程中遇到的各种问题进行汇总整理，对解决问题的标准化答案及操作进行归整和提炼，将其与企业流程相结合，对企业员工进行培训，推动员工的工作开展从随机性操作转向标准化操作。

◆ 构建以用户需求为核心的价值观

大规模定制化是以用户需求为核心驱动力，是为了充分满足用户的个性化需求。所以企业应该让所有的组织成员真正为用户创造价值，在开展工作的过程中从用户的个性化需求出发，为每一位用户量身定制其所需求的产品及服务，通过为用户提供个性化产品及服务来源源不断地为企业创造价值。

◆ 打造用户数据库管理系统

为了更为高效精准地满足用户需求，企业需要将从各种渠道收集来的用户数据进行处理、分析及应用，为此，企业需要建立用户数据库管理系统。大规模的定制化要求企业能够根据用户的消费习惯、性格特征、兴趣爱好等信息，制定高效率、低成本的产品定制生产解决方案。

这无疑会给企业带来巨大的挑战，需要企业投入巨大的资源及精力。因为随着用户群体规模的不断增长，数据总量会越来越大，数据复杂程度会越来越高，所以，企业必须借助数据库管理系统来更加高效率、低成本地为用户服务。

◆ 强化供应链管理能力

在大规模定制化模式中，企业在充分满足用户个性化需求时会遇到一个难题：找到一种大规模定制生产方案，在满足用户个性化需求与控制生产成本、缩短生产周期之间实现平衡。

很多生产效率较低的国内企业恐怕很难做到这点，即便一些已经实现高度信息化及组织扁平化的企业也必须进行一系列的变革。满足用户个性化需求必定会带来一定程度的生产成本增长、生产周期延长，只不过有些企业能够将其控制在合理的范围内，而强化自身的供应链管理能力正是解决这一问题的有效途径。

◆ 维护客户关系

在传统工业时代，企业与消费之间只是简单的交易关系，交易完成后，直到下次交易前通常不会产生任何关系。而进入移动互联网时代后，粉丝经济开始崛起，客户购买产品只是一个开始，企业还要对客户关系进行维护，让他们帮助自己进行营销推广或者二次购买甚至是终生购买。企业对客户关系进行管理时，应该做到以下三点：

（1）广泛借助微信、微博、贴吧、论坛等各种渠道与客户进行交流沟通，积极开展线上线下活动来提高用户的忠实度与归属感，在此过程中，还要主动收集用户反馈数据，并对这些数据进行分析、处理及应用。

（2）根据对用户个性化需求的分析进行产品及服务的定制生产。

（3）及时收集用户反馈信息，能够根据用户建议、评论等对产品设计方案进行优化改善，从而最大限度地满足用户需求。

◆ 与用户积极进行沟通交流

要想实现产品及服务的大规模定制化生产，必须让每一个员工都能真正了解用户需求，为此必须要建立一个方便快捷的沟通平台。有时用户可能无法清晰地描绘出自己的个性化需求，或者员工所理解的用户需求出现偏差，而沟通平台的存在就能够让员工及时将产品的设计模型、零部件、材料等清晰地展示给用户，让用户真正获得自己需求的商品。

更为关键的是，企业应该为用户提供全方位服务，而不是交易结束后双方之间的关系立即宣告终止。在用户获得了自己的定制化产品后，企业还可以借助沟通平台为他们提供售后服务，并向用户获取反馈建议，从而对自身的产品设计、生产流程、制造工艺等进行优化及改善，在提升企业效率的同时，也有效提升了用户满意度。

◆ 打造高效灵活的产品创新机制

产品定制生产针对的是每一个用户的个性化需求，是让每一个用户的个性化需求都能得到充分满足，这就对企业提出了巨大的挑战，企业不但要控制产品的生产成本及生产周期，更要充分确保产品的质量及品质，否则很容易出现大规模的退换货问题甚至引发品牌危机。

所以，建立灵活高效的产品创新机制是相当有必要的，它能够让企业的产品在市场竞争中始终保持一定的优势，能够满足甚至超过用户心中的期望值，从而有效提升企业的外部竞争力。在互联网的不断渗透下，越来越多的企业进入加速整合期，所有企业都应该从当下做起，积极为这场即将到来的大规模定制化革命谋篇布局，争取在未来的市场竞争中成功突围。

第 5 章

低库存：C2B定制模式如何降低库存

5.1 低库存经济：重构企业生产供应链管理体系

◎ C2B 颠覆传统产销关系

在工业时代，亨利·福特使用流水线大批量生产汽车，革新了工业生产方式，推动了现代社会及文明的进一步发展，被麦克·哈特评为影响人类历史进程的百位名人之一。进入 DT 时代以来，从生产者与消费者互动的角度来看，谁能像亨利·福特一样，重新构建独属于 DT 时代的产销关系呢？

随着社会的发展，大规模生产方式显现出了疲弊之态，在发达国家，这种状态显现于 20 世纪 70 年代，在中国，这种状态出现于 21 世纪。

在 20 世纪 60 年代，尤其是 70 年代之后，发达国家部分消费品行业由卖方市场转向了买方市场，消费者的个性化产品需求日益强烈，呈现出规模化的特点。在这种情况下，大规模、标准化、流水线生产方式已无法满足消费者的个性化产品需求，规模化生产方式疲态尽显。再加之规模化生产方式所独有的“人服从于机器”的组织管理方式日益显现出不合时宜之态，产销关系也开始出现了不平衡。

在这种情况下，企业为了清理库存，防止库存积压，只能采取过度营销方法，将恶俗广告、垃圾短信视为最重要的营销手段。消费者的消费观念及消费行为受生产者与大众媒体广告的引导，朝着及时行乐、用完就扔的方向转变，催生出了消费主义。库存积压、营销风险、过度营销、消费者不满等现象频频出现，循环往复，成了众多行业的常态。

20世纪90年代，大规模定制概念被提出。大规模定制指的是以系统思想为指导，借助整体优化的观点，利用企业各种现有资源，使用标准技术、先进制造技术、信息技术等，以用户的个性化需求为依据，通过低成本、高质量、高效率的大批量生产来满足用户个性化需求的生产方式。

这种生产方式的特征主要有四点：一是以顾客需求为依据；二是以产品及零件的模块化设计，标准化、通用化生产为基础；三是以专业化分工及供应链协同为方法；四是以现代信息技术及柔性制造技术为支撑。

但是，在工业文明时代，大规模定制在落实、推行方面还面临着诸多困难。从企业的角度来看，企业异常厌烦收集、挖掘、统计消费者的个性化需求，不愿意在产品定制的过程中与消费者进行持续互动，难以在成本、质量和速度之间找到平衡。从消费者的角度来看，消费者缺乏专业的定制知识和顺畅的互动渠道，难以切实参与到定制过程中。

在传统的产品生产模式下，无论是从生产厂商到消费者，还是从消费者到生产厂商，中间都要经过批发商、零售商等多个环节，在层层传递的过程中，信息失真、衰减，使定制生产出来的产品与消费者的真实需求不符，销售效果不佳。

面对这种问题，很多企业都希望能借助市场调查来获取消费者的真实需求，但实践证明，市场调查也难以取得应有的效果。例如，20世纪 80 年代，可口可乐公司在推出新产品之前做了近 20 万次口感测试，但是这款产品却遭受到了消费者的抵制。

这种现象出现的原因为市场调研仅是产销互动过程中一种间接而抽象的活动，调研数据、消费者需求、企业决策之间存在较大的差距。

从现实情况来看，无论是 ZARA 等快时尚品牌，还是戴尔电脑等能为消费者提供大规模定制的企业，虽然其生产方式相较于大规模生产来说与消费者更加贴近，但却不是以消费者为中心的终极定制模式。

戴尔电脑的创始人迈克尔・戴尔曾一度被视为近百年来与亨利・福特最相似的人，但实际上，戴尔为消费者提供的定制服务仅是一种菜单式的选择，以这种选择引导消费者适应企业现有的生产链。也就是说，戴尔公司尚不能为每一位客户组建一条定制化的生产链，无法满足每一位客户的个性化需求。

事实上，在高度分散的个人市场上，个性化定制的实现是非常困难的。或者说，在互联网真正普及之前，任何企业都无法真正做到定制化生产，无法满足每一位消费者的个性化需求。

在 20 世纪 90 年代以后的一段时间里，很多企业都对定制化生产进行了探索，但基本上除电脑领域的戴尔以外，其他领域的成功者鲜有闻说。例如，服装领域的李维牛仔服曾对大规模定制做出过诸多探索，但这种探索在 2005 年就偃旗息鼓了。导致这种结果出现的原因有很多，如定制过程较为复杂、后端的生产链不完善、定制产品的价格难以被顾客接受等。总之，在当时的商业环境下，个性化定制难以实现，产销关系难以平衡。

以个性化需求为基础的产销关系只有在互联网普及应用的环境下才能实现平衡。20 世纪 90 年代中后期，互联网迅速发展，为个性化定制的实现提供了一个巨大的商业平台，在这个平台上，消费者能展现个性化需求，企业能收集、整合、实现消费者的个性化需求，长期以来处于对立之态的企业和消费者也开始逐渐接受、欣赏对方。以这些逐渐出现、聚合起来的个性化需求为基础，C2B 模式开始出现和发展。

如今再对 20 世纪 90 年代出现的大规模定制进行思考，可以得出以下结论：大规模定制是工业文明时代对大规模生产的一种改良，中间经历了种种周折将 C2B 形态通过基本的商业逻辑体现了出来。从某些角度来看，大规模定制就是 C2B 模式的前身。

◎ 决战库存：借助互联网释放内需潜力

现阶段，我国经济步入了“去产能、去库存、去杠杆”阶段，社会各界都在对其进行深入探索。同时，“工业 4.0”“产业互联网”等概念也备受关注，人们对 C2B 模式的宏观含义及其对 DT 时代的影响进入了深层探索阶段。

在关于 C2B 模式的一次讨论中，李远芳博士提出了“低库存经济”的概念，引发了诸多共鸣。那么，C2B 模式将如何催生出“低库存经济”，并推动其高速发展呢？

宏观经济的活力来源于企业的技术创新和模式创新，其中商业模式创新对于企业来说是最大的挑战，因为商业模式的创新综合性最强、涉及的领域最广。以苹果公司为例，其在商业模式方面的创新为其带来了巨大的成功。

在国家经济发展模式中，企业组织模式和商业模式是最重要的组成部分，如美国经济模式中的福特制、日本经济模式中的丰田制等。通过研究福特制的诞生环境，人们发现对于中国这个巨型经济体来说，中国企业只有以国内资源、消费需求、内需市场为基础，才有可能创造出适用于 DT 时代的商业模式，这种模式的出现意味着我国的社会分工将进一步深化和升级。

与此同时，我国经济创新领域正在从“WTO + 外需”向“互联网 + 内需”转变，在这一转变的带动下，C2B 模式将在中国企业中得以生长、进化与完善。从长期发展形势来看，C2B 模式的应用与完善将从微观层面推动我国的信息经济实现进一步发展。

◆ 从“WTO + 外需”转向“互联网 + 内需”

自加入 WTO 以来，中国企业获取了一个全球性的外贸市场，而互联网的出现和发展则有效拉动了内需。未来，在中国企业探索“信息时代的商业模式”的进程中，“互联网 + 内需”将为其提供一个全新的探索领域。

（1）WTO + 外需：近十年来中国企业创新的主要领域

自加入 WTO 以来，中国企业在内部市场之外获取了一个巨大的外部市场。从宏观层面来看，在此期间，中国的产品出口量跃居世界第一；从微观层面来看，尽管中国企业被视为“世界工厂”，受到了诸多贬斥，认为中国企业难以脱离产业链的低端生产环节、难以在市场换技术方面获取好的成果，难以进入发达国家市场等。但不可否认的是，WTO 不仅为“中国制造”提供了一个广阔的市场空间，还为其提供了一套完整的制度，为其提供了一个平台。借此平台，中国企业参与了全球产业分工。从这个角度来说，WTO 是中国企业创新技术、模式及管理的重要条件，催生了一大批诸如海尔、华为等具有强大竞争力的全球性企业。

（2）互联网 + 内需：未来中国企业模式创新的主要领域

麦肯锡于 2013 年针对网络零售对中国经济的影响做过一项研究，并发布了研究报告，报告指出：近六成的线下零售被线上消费取代，剩余的四成消费也是由网络零售带来的。波士顿咨询与阿里研究院合作对中国未来的消费趋势进行了深入研究，并发布了相关报告称：预计到2020年，个人网上消费将以每年20%的速度递增，同时，个人线下消费的增长速率仅为每年6%。这种情况说明，预计到2020年，网购规模将达1.6万亿美元，出自网购的个人消费增长将占据42%的比例。

◆ 互联网+内需：中国C2B模式的温床

在信息时代，“互联网+内需”能否为企业商业模式的创新和发展提供有效支撑呢?

通过分析研究世界经济发展史可发现，现如今的中国经济与19世纪后半期至20世纪初期的美国经济非常相似。有研究指出：当前，我国的经济发展形势非常特殊，从中国经济发展历程来看从未出现过这种情况，对比世界其他国家来说具有鲜明的特点，如经济增速较快、生产与消费的潜力巨大等。

中国经济的这种发展形势只有19世纪后半期至20世纪初期的美国可以相较，当然这种比较也只是在经济增长规模和发展态势上。通过对比分析可发现，两国的产业结构、人均收入水平、内外市场环境、经济增速、对世界经济格局及价格体系的影响都非常相似。

那个时期的美国经济环境，尤其是国内大市场，对大生产、大物流、大流通这样的体系分工产生了直接影响。现阶段的中国，在“互联网+内需”的推动下大市场环境正在形成，在这个大市场中，借助互联网，中国企业有望探索出独属于中国的“福特制”。

中国经济在推动C2B模式演化方面具有诸多优势，如中国网民规模在全球排名第一、大国效应显著、制造业基础雄厚等，在这些优势的推动下，C2B模式下的快速供应链能得以有效构建，但优势毕竟不是竞争力。数十年前，日本的精益生产方式给美国的大规模生产带来了巨大的冲击，有关学者就曾告诫西方的生产者：20世纪初，美国大量生产方式的优点不为欧洲人接受，使得其失去了先机。现如今，面对精益生产方式，欧洲人最应该做的就是防止再犯相同的错误。

目前，中国企业的处境与当时西方国家的处境非常相似，为了不犯与西方国家相同的错误，中国企业必须端正对互联网的认识，要认识到互联网不只是一个营销渠道，它将彻底颠覆中国企业现有的商业模式和组织模式，推动其实现创新再造。

总之，C2B 模式是对 B2C 模式的颠覆，将成为 DT 时代、信息时代企业最主要的商业模式。从中国经济发展模式的角度来看，“互联网 + 内需”构建了一个新型的创新领域，C2B 模式将从微观企业层面切入，为中国经济模式创新增添新的元素和活力。

在全球企业都在探索、创新组织模式和商业模式的环境下，中国企业有望探索出独属于中国 DT 时代的“福特制”。如果这一探索能成功，不仅中国经济结构能实现成功改革，中国企业还将对全球商业文明的发展做出突出贡献。

◎ 精准预测消费需求，完善企业供应链

在传统商业模式中，库存高企一直是企业面临的重要难题。C2B 模式的一大优势是以需求为导向安排采购或生产，因此能够有效解决库存问题。不过，如何在决策之前精准把握客户需求，对很多商家来说都并非易事，而这也是 C2B 模式顺利落地的一大难点。

只有准确把握了市场需求，才能解决长期困扰企业的库存高企问题，真正发挥出 C2B 定制模式的巨大优势。虽然 C2B 模式中厂家不用提前备货，但仍要提前采购原材料以保障正常的生产活动。因此，如果不能精准预测消费者需求，同样会造成原材料的积压，抬升企业成本。

对于如何预测消费者需求偏好，当前并没有一个可依之而行的通用

方法，各个商家主要根据自身情况进行定位和预测。例如，国内厨房电器的领跑者方太是基于多年积累的行业经验对消费者需求进行专业预测；酷绅男装则通过对购买过店内产品的顾客信息进行整合挖掘与量化分析，预测消费者需求。

从当前来看，C2B定制模式较为常见的做法是：商家首先列出多款产品让消费者进行投票，然后对得票最高、最受用户欢迎的产品进行生产。除了预测消费者需求，C2B模式运行的另一难点是如何将碎片化、数量庞大的用户有效聚合起来形成一个采购集团，以增强用户在议价中的话语权，从而使用户在单件购买中享受到批量交易的价格优惠，同时又使企业得以实现定制化批量生产。

酷绅男装从线下工装定制开始，在十几年的量体定制中积累了海量的量体数据。之后在创立线上定制男装品牌型牌男装时，公司首先将前期积累的庞大的量体数据系统化，形成数据矩阵，然后让用户根据自己的数据在后台进行个性化匹配，以此实现精确的线上量体裁衣。

不过，型牌男装的定制化服务平台并没有进行大规模的线上推广。这主要是因为随着流量成本的不断攀升，要想短期内将分散的大量订单聚合起来，仍然需要依托大平台。因此，当前型牌男装的定制化服务主要以老客户为主，并借助顾客的口碑效应提升品牌形象和影响力，吸引更多新客户。

C2B个性化定制需要在短期内迅速聚集起大量订单，这就要求平台本身具有坚实的用户基础，因此很多研究者认为C2B模式更适合淘宝、京东等有着庞大流量的大平台。例如，当前方太在C2B定制化方面的运营重心是淘宝商城中的旗舰店，而非公司自建的线上商城。

需要注意的是，C2B个性化定制虽然是未来电子商务的主流模式，但也并非所有的商品都有必要或者适合这一商业形态。C2B是以消费者需求为导向，而当前消费者的需求又越来越多元化、个性化、碎片化，因此 C2B 模式更适合非标准化的产品。

C2B 个性化定制对传统企业供应链提出了更高的要求，因此像 3C 这类标准化产品想要实现 C2B 定制生产，就需要企业变革整个生产模式，优化再造供应链系统。C2B 模式让企业按照市场需求有针对性地组织生产，理论上看是解决传统制造业库存高企乃至实现零库存的最佳方法，然而，实际操作中却存在诸多问题。

与以往先生产再接单不同，C2B 模式是明确消费者需求后再按照规定的时间组织生产，因此要求企业具有更强的生产组织能力，可以在接到个性化订单后快速组织生产，按时将定制化产品送到客户手中。如果某一产品订单量很大，必然会对企业生产造成巨大压力。因此，如何在规定时间内完成高品质产品的生产，已经成为很多推行 C2B 模式的传统企业必须解决的一大难题。

同时，C2B 模式是一种个性化生产，同一批次的产品可能不完全相同，这给传统企业的供应链系统带来了巨大挑战。这些企业多已形成标准化的流水线作业，而个性化定制生产则要求企业的生产系统能够灵活地调整生产计划，甚至占用传统的生产流水线去组织某批产品的定制化生产，因此会对企业固有的生产模式和供应链系统造成极大的冲击变革。

此外，对于 C2B 模式下的个性化定制产品，一旦出现顾客不满意退换货的现象，就很容易造成库存积压。特别是在当前普遍实行的 7 日无条件退换货规则下，如果个性化定制商品出现大量退换货情况，那么对企业来说将是一个巨大的负担。因此，如何有效减少甚至杜绝退换货情况，也是推行 C2B 模式的传统企业需要慎重考虑的问题。

◎ 政府如何推动 C2B 定制化电商的发展

C2B 是未来电子商务发展的必然趋势和主流形态，也是我国实现传统制造产业转型升级的重要路径。针对当前国内 C2B 产业的发展现状、C2B 平台的局限以及 C2B 模式未来可能遇到的瓶颈，需要政府和企业“双管齐下”、协同发力，前者从电子商务大环境出发为 C2B 的发展提供有利环境和政策支持，后者则通过不断解决 C2B 具体运作中的实际问题，推动我国 C2B 电子商务的快速发展和优化成熟。

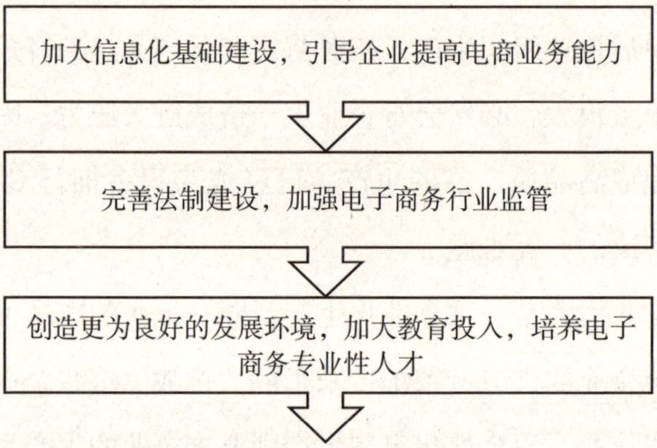

图 5 –1　政府推动 C2B 定制化电商的发展对策

◆ 加大信息化基础建设，引导企业提高电商业务能力

电子商务的前提和基础是互联网基础设施的不断发展普及与优化完善。CNNIC 发布的第 38 次《中国互联网络发展状况统计报告》显示，截至 2016 年 6 月，我国网民规模为 7.10 亿人，互联网普及率高达 51.7%，超过全球平均水平 3.1 个百分点。

不过，相较于 14 亿的人口基数，我国互联网还有很大的发展空间，特别是当前网络用户多集中于一线、二线城市，中小城市、县镇等还有可以开发挖掘的巨大空间。因此，政府要加大信息化基础建设，拓展互联网信息基础设施系统的覆盖地域和人群，真正打破时间与空间的限制，让不同地域的人可以更方便快捷地进行网络交流。

同时，电子商务是互联网信息化时代商业发展的趋势和未来，政府要通过多种举措鼓励企业发展电子商务，通过电子商务的创新模式打造企业未来的核心优势。

发展电子商务：一方面，有助于增强企业与外界的信息交互能力，使企业更加敏锐地把握市场变化，及时调整经营方向；另一方面，能够借助互联网信息化思维、平台与技术，优化业务流程、缩减生产周期、降低库存与交易成本、提高经营管理效率，最终推动企业整体运营的优化升级。此外，发展电子商务还能帮助企业更好地实现“走出去”战略，将业务范围拓展到更广阔的全球市场，参与到国际竞争中，促进企业的跨越式增长。

◆ 完善法制建设，加强电子商务行业监管

电子商务的爆发式增长推动了传统零售的电商化转型升级，网络渠道逐渐成为社会主流的消费方式，也是企业线下实体门店之外一种更具活力的销售新渠道，成为诸多行业新的增长点。不过，作为一种伴随互联网而快速崛起的商业新形态，电商在发展创新过程中也出现了很多亟须解决的问题：

一是网络安全。电子商务在便捷人们购物的同时，也不可避免地带来了个人信息售卖、钓鱼网站、支付安全等严重影响人们隐私和财产安全的风险，进而挫伤了人们的网购热情，十分不利于电子商务的健康长远发展。

二是盲目的“价格战”。相对于实体零售，电商的一个最大优势是价格低廉，这导致在电商促销宣传和竞争中刻意虚构商品原价、欺诈消

费者的行为频频出现，极大地影响了电子商务整体行业的健康有序发展，也降低了人们对电子商务的认同和信任度。

因此，政府需要加大相关法律法规建设，构建完善有效的电子商务市场监测系统和监管机制，规范电商企业和电商平台的行为，保障消费者权益，推动电子商务行业的良性健康发展；同时，政府还要积极打造电子商务认证标准体系，引入权威第三方评估、认证机构，以提高电商企业的信誉度，完善电子商务整体行业的信任体系。

得益于互联网的快速发展和消费内需的巨大红利，我国电子商务在过去十几年中获得了爆发式增长，培育了海量的用户群体。然而，经过长期的野蛮、粗放和无序发展之后，当前国内电子商务的发展亟待相关法律法规的引导和规范，特别是要建立健全市场监管体系、交易信用体系和网络安全体系，规范行业竞争，以推动电子商务的良性可持续发展。

◆ 创造更为良好的发展环境，加大教育投入，培养电子商务专业性人才

电子商务是伴随互联网信息化革命发展起来的一种创新性的商业形态，有着不同于传统商业模式的思维逻辑、特质和能力要求，因此其发展离不开专业性的电子商务人才。这要求政府在为电子商务发展创造有利环境的同时，也要加大教育投入，积极培育电子商务专业人才，为电商行业发展提供有力的人才支撑。

从当前来看，虽然我国很多高校都设有电子商务专业，但电子商务的快速发展变革以及课堂教育的滞后性，导致电子商务专业所学与所需不相匹配，毕业生的就业率只有20%；同时，很多专业的学生毕业后并没有从事电子商务工作，从而进一步加剧了电商人才的匮乏问题。

一方面是电商企业急需电子商务专业人才；另一方面则是高校电子

商务专业学生就业率十分低下，这无疑显示了高校在电子商务方面所教与企业所需不相符的尴尬境况，也是造成我国电商人才匮乏的一个重要原因。

从整体上看，大部分高校对电子商务专业人才的培养缺乏明确方向，课程设置上多是经管类与计算机课程，结果导致学生学习到的课程多而杂，没有系统性，涉猎广泛但不精不专，无法构建出自身的核心竞争力，自然也不能获得企业认可。

因此，政府应结合我国电商行业发展的实际需求，积极指导高校设置更合理的电子商务专业人才培养方案，使人才培养方向契合企业的实际需求，从而缓解电商专业人才紧张的局面。

具体来看，理工类院校可侧重于技术型及技术偏管理型电子商务人才的培育，管理类院校则应侧重培养管理偏技术型人才，而成人教育、中等教育和职业培训等则主要关注商务型实务人才的培养。

此外，在课程设置上，高校要紧密结合企业对知识、能力和个人素质的要求，以就业为导向侧重于学生专业技能的培养，以便为企业输送基础扎实、涉猎广泛、技术能力强、个人素质高的电子商务专业人才。

5.2 C2B驱动下的中国消费新格局

◎ 量身定做：定制化消费时代的来临

关于“定制”，大多数人都会首先想到戴尔电脑。这家总部位于美国德克萨斯州的全球领先的IT产品和服务提供商，能够在竞争激烈的IT市场中脱颖而出成为行业领跑者的根本原因在于：通过与消费者的直接交互沟通，可提供更有针对性、满足用户个性化需求的产品和服务，从而不断优化每位顾客的消费体验。

现代管理学之父彼得·德鲁克（Peter F. Drucker）曾指出，管理效用的充分发挥需要企业拥有一个聚焦内部人、财、物、信息等各类资源的领域，这个知识领域或市场是企业活动的聚集点，也是企业的核心与优势所在。

从这个角度来看，戴尔的成功得益于它在个性化定制方面的领先优势，能够直接为消费者提供定制产品和服务，从而充分满足了顾客的个性化诉求，提升了消费体验。

随着消费者多元化、个性化需求的不断增多，如果企业仍然秉承以往的“产品思维”，只是埋头“做”产品而忽视消费者，不能根据顾客的真实诉求去“量身定做”，那么即便暂时抢占了市场份额，也终究难以实现长远发展，很容易出现危机甚至“死去”。

以药品零售为例，现代社会疾病复杂多样，而公众在医疗健康方面的个性化需求却不断增加。随着医药零售市场涌入越来越多的参与者以及日益严峻的同质化竞争，很多医药企业其实都面临着同样的压力和挑战：竞争者越来越多，而所有的产品除了外在包装有所不同，大多都是“换汤不换药”，很难真正吸引和黏住用户；同时，那些难以开启的药瓶、统一的剂量要求以及复杂的说明书，无法满足消费者的个性化需要，最终成为药品零售的阻碍。

在消费升级的大背景下，人们的行为习惯、消费需求等都在发生快速深刻的改变，消费市场逐渐从大众消费时代步入小众消费阶段。

在大众消费时代，产品高度同质化，企业面对日益严峻的市场竞争不得不通过“卖产品、送服务”的方式获取一席之地。与此不同，小众消费的本质是服务经济、体验经济，产品只是“基础设施”，企业之间真正比拼的是用户服务和体验。因此，个性化定制服务已广泛应用于各个消费领域，并成为商家优化用户体验、提高顾客满意度的重要依托。

现代市场竞争的不断加剧以及产品创新成本和难度的持续降低，使商业竞争的焦点逐渐转移到消费者身上——谁能有效吸引和留存消费者的目光，谁就能在日益激烈的市场竞争中占据有利地位。

由此，定制营销（Customized Marketing）逐渐进入更多企业的视线。定制营销是在大规模生产的基础上，对市场细分战略的进一步深化拓展，将每一个消费者视为一个细分市场，借助各种社会化媒体与消费者进行一对一的实时交互沟通，从而基于消费者的个性化诉求更有针对性地安排生产和服务。

一些企业虽然也推出了定制服务，但由于认知或能力等方面的不足，并没有将其作为整体经营策略，因而没能充分发挥出个性化定制的巨大价值。与之对应，戴尔的成功正是由于将定制服务真正融入了公司的整体运营之中，以更低的成本为每一位顾客提供超值的个性化产品和服务，自然受到消费者的青睐。同样，对药品和保健类食品的零售来说，针对每个消费者个性化诉求的定制服务也将成为必然趋势。

◎ 需求升级：定制时代的消费者心理

随着消费需求的不断升级及人们购买力逐步提升，购物消费呈现出强烈的个性化特征，对于时尚奢侈品，这一点尤为突出。为了充分满足消费者的个性化需求，企业纷纷推出了各种定制产品及服务。从本质来说，人们选择定制产品，不仅是简单地为了购买产品，更是体现自身个性化消费心理的有效方式。

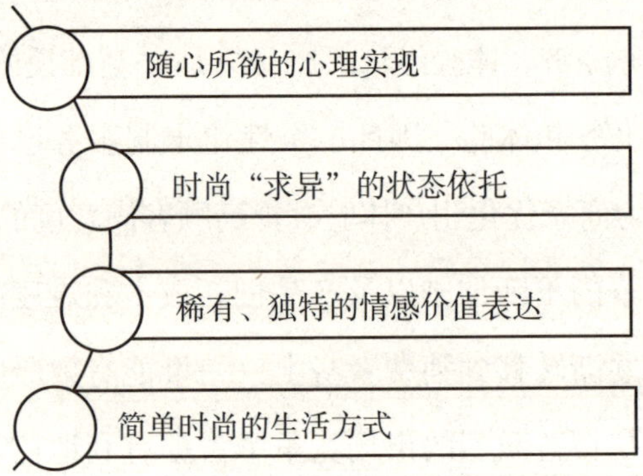

图5-2　定制时代的消费者心理诉求

◆ 随心所欲的心理实现

对于那些大规模批量生产的标品，人们的需求总是无法得到充分满足。在消费需求越发个性化的当下，人们已经不再满足于从现有产品中选择，而是希望按照自己的个性化需求定制产品。让消费者参与到产品的设计、生产，甚至是营销、配送等诸多环节中，受到了企业界的一致认可。

在 DIY 设计兴起的定制时代，人们将购物视为满足自身个性化需求的重要途径。以手机为例，虽然很多品牌商推出的定制产品，仅是让消费者对颜色、系统、搭载软件等进行浅层次定制，但在消费者看来，这种能够按照自己的想法随心所欲地生产产品，而获得的成就感与满足感，绝不是同质化产品所能提供的。

在个性化消费心理的作用下，耐用品的生命周期变得越来越短。被众多年轻群体给予高度评价的宝马 Mini Cooper 为车主提供了 25 款定制外身，例如，古典花纹、唱片封面等。对于珠宝、皮包等奢侈品，由于其本身的客单价较高，商家可以投入较高的成本，以便为用户提供深度定制服务，从而使消费者的个性化需求得到充分满足。

◆ 时尚“求异”的状态依托

时尚潮流通常会在中高端消费群体中率先出现，这一群体扮演着时尚潮流主导者的角色，向来喜欢通过差异化及个性化来展现自己的独特品味。而作为潮流追随者的普通大众，则会以购买时尚达人所用产品的方式来追随潮流。

所以，时尚潮流主导者需要通过“求异”来将自己与这些追随者区分开来。而且区分度越高，越能展现自己的独特品位与时尚地位。而购买根据自身个性化需求生产的定制产品，无疑是满足求异心理的有效途径。

在中高端群体中十分流行的价值数十万元的礼服、上百万元的珠宝等定制产品，让普通大众对上流社会的奢侈产生了无限遐想，而那些充分体现个性化及时尚潮流的专业定制服务，更是被中高端群体视为将自己与普通大众区分开来的重要手段。虽然定制奢侈品的生产周期可能长达几个月甚至几年，但为了能够与大众区别开来，他们愿意接受如此之高的时间成本。

◆ 稀有、独特的情感价值表达

为了使奢侈品长期保持较高的价值，奢侈品品牌商通常会选择定量定制以及在产品中融入情感元素。从消费者角度来看，拥有稀缺、个性、有文化内涵的产品，本身就是一件让人心情愉悦的事情，这种心理的满足感与荣耀感远远超出了产品本身的功能价值。

很多人为了预约限量定制产品而甘愿在寒冷的夜晚排起长队，甚至有的人为此而准备帐篷。这体现了人们希望利用稀缺定制产品，来显示自己的权威性及独特品位的心理。由此产生的强烈的占有欲，使消费者对这种定制生产、限量销售、富有文化内涵的产品极度痴迷。

当企业了解到消费者的这种心理后，通过一定的营销手段，例如，只能在特定的线下实体店购买，而且必须是达到一定级别的 VIP 会员才有资格购买等，能够有效激发人们的购买欲。较高的门槛，让消费者认为自己购买到的产品是稀缺的，而且只有特权群体才能拥有。

◆ 简单时尚的生活方式

随着科学技术的不断突破与制造业的快速发展，定制产品已经不再是上流社会的专属。对产品品质要求较高以及追求时尚潮流的年轻群体，也开始成为定制产品的消费者。如今，根据自己的需求来定制产品及服务，已经成为一种简单时尚的生活方式。

尤其是珠宝首饰这种个性化尤为强烈的产品，其定制生产明显更具优势。因为消费者在购买这类产品时，不仅追求其美学价值，还要充分考虑它与自身着装风格的匹配度。

目前，越来越多的品牌商借助定制产品，来展现品牌所蕴含的文化内涵及生活方式。以运动品牌 Nike 为例，消费者可以登录 Nike 官网来设计运动鞋，例如，根据自己的兴趣爱好、审美观念等，选择合适的颜色、款式，甚至加上特定的刺绣文字。

人们购买时尚奢侈品，并非是简单地获取产品的使用功能，而是为了彰显自己的品位、生活格调及精神追求。在这类产品的价格中，有很大一部分是满足人们需求心理而产生的增量价值，定制使得其增量价值进一步增加。所以，定制是人们在需求升级的新消费时代，彰显自身追求个性化、参与感、独占性等心理特征的直接体现。

◎ 定制服务：满足用户的个性化诉求

随着社会生活水平的不断提高和消费升级，越来越多的消费者超脱了对产品基本的功能性需求，更加注重消费过程中的品质、品位、时尚、身份、归属等内容。这种个性化消费需求的不断增多使定制服务脱离了上层社会的狭小圈子，逐渐走向日常化应用。

定制服务充分体现了消费者的个性特质和情感诉求，能够为顾客创造更大价值，从而提高顾客忠诚度。不过定制服务也对企业提出了更高的要求，当企业无法通过同一种产品和服务满足多元化、个性化的小众市场时，就必须明确定位产品或服务的目标消费群体，精准分析消费者购买自身产品和服务的原因，以便更好地为顾客“量身定做”，充分满足每一个消费者的个性化诉求。

例如，在竞争激烈的葡萄酒市场，张裕葡萄酒公司投入巨额资金建立张裕酒庄，为顾客提供代保管酒、开辟个人储酒仓、期酒销售等各种“量身定做”的个性化服务，从而受到消费者青睐，成功在高端葡萄酒市场中建立了竞争优势。

其实，我国传统中医药治疗一直秉承的就是个性化定制服务，这也是中药方剂最大的优势。对于同一种疾病的不同患者，以及同一个患者的不同病期，中医药治疗都会“量身定做”，开出不同的个性化药方。

另外，保健品行业中作为“第三方销售渠道”的快消企业，其实也是个性化定制服务的强力实践者。快消品一般有明确的目标指向，大多集中在某些突出的特殊病症和“三高群体”。例如，中华灵芝宝专注于肿瘤患者，天年素产品快消时常常聘请营养师为顾客讲解营养膳食的合理搭配，珍奥核酸快消时则为会员提供个性化的疾病自查服务，世纪中科甚至会为不同会员专门配制各种比例的蜂四宝……

快消企业通过与消费者进行一对一的当面沟通，大幅提升了保健品企业的销售业绩，使快消成为保健品行业最主要的销售方式。从这个角度来看，快消的真正优势并非是业内以往认为的销售渠道的拓展，而是针对每个消费者开展的“量身定做”的个性化服务。

◎ 艺福堂：C2B 时代的流通模式变革

目前，我国农副产品的发展与发达国家相比仍有很大差距。艺福堂成立于 2006 年，公司利用电商平台开展运营，年销售额超过 2 亿元，可为传统产业转型提供有益借鉴。

艺福堂经营的产品包括茶、茶具、花草植物及茶制品，所有产品都经由线上渠道面向消费者，截至 2015 年，艺福堂的会员用户已经达 500 万名。如今，该企业的茶叶加工厂已覆盖云南、福建、浙江等地，并在杭州建设落成大规模茶叶冷库、完善的产业生产加工体系，以及在国际上居于先进地位的茶叶成品库。不仅如此，艺福堂还建设成国内首家符合药品生产质量管理规范的茶叶生产线，保证其产品质量。

该企业采用电商化运营，借助电商平台的渠道优势，省去了在传统模式下茶叶流通需经过的层层中间商，并且发挥了电商平台在数据收集及管理方面的作用，实现了对茶叶整个流通过程的控制，不仅能够为消费者提供质优价廉的产品，还能与信任度较高的茶品供应商达成长期合作关系。

（1）使产品跨越中间渠道直接到达消费者

按照传统的流通方式，茶叶在面向消费者之前，需要从茶农到达商贩手中，再到达茶叶市场，之后由企业进行加工，还要经过代理商、商场等多个环节，在这期间，产品价格会不断上升。艺福堂采用电商化运营，能够使产品从生产方直接到达消费者手中，跨越层层中间商，让利于消费者。

（2）强化对产品整个流通过程的把控

消费者在自身体验之后，能够将自己的反馈信息上传到电商服务平台，企业则可据此分析自己的产品在哪个环节需要改善。在以往的流通模式下，生产者对自己的产品流通去向毫无所知。

在互联网时代下，电子商务的快速发展给世界范围的产业布局带来了重大影响。我国传统产业正积极寻求变革，希望能从中获得启发，推动自身发展。

为了抓住时机，促进整体经济的发展，政府机构需要突破传统的思维观念，更加注重经济发展效率及质量，通过市场本身的调节作用实现资源配置。在为传统企业解决资金短缺问题的同时，也要为其服务商提供相应的帮助，促进物流仓储企业、信息咨询企业、金融服务部门等的发展，从而为传统产业的转型升级奠定基础。

在以拉动国内市场需求为重点、推动信息消费的同时，相关政府部门需要加强我国中西部城市、经济发展水平较为落后的城市地区的基础设施建设，完善这些地区的基础通信网络、数据收集及分析系统、仓储物流管理体系的建设。为了避免当地消费者将大部分可支配收入用于房地产投资，政府部门应强化商业基础设施建设，以此推动居民消费。

传统产业企业在谋求自身发展的同时需要明确的一点是，应该以消费者为核心驱动自身的产业革命。从根本上说，产业革命就是根据消费者需求进行的产业结构重组，在移动互联网时代下，以需求端为驱动力的产业革命逐渐成为主流趋势。在电子商务快速发展的今天，消费者借助网络平台的优势，不断提高自己在消费过程中的主动权，为了适应时代需求，传统产业必须进行转型升级，克服转型过程中遭遇的种种困难。

明确消费者在产业革命中占据的重要地位后，传统企业应该聚焦于与消费者相关的改革。例如，企业应进行全渠道布局，实现线上及线下运营的一体化，与消费者维持长期、稳定、良好的互动关系，对其信息进行分类管理；允许消费者参与产品研发及设计环节，根据其反馈信息优化产品，面向小众群体推出个性化定制产品；打造品牌特色，采用不同于传统模式的营销策略，提高营销针对性等。

5.3 企业如何实现低库存运营

◎ 消费主权：C2B 驱动传统产业转型升级

如今，众多传统产业正处于转型阶段，以需求为主导开展运营为传统产业改革提供了指引，伴随着互联网的应用不断普及开来，围绕需求进行的产业转型逐渐成为主流发展趋势。

冯小刚执导的贺岁电影《私人订制》上映之后，个性化定制服务引起人们的重视并进入大众视野。近几年，电商企业纷纷试水 C2B 个性化定制模式，在该模式下，消费者能够从自己的立场出发，参与到产品的设计及研发过程中，并在产品定价方面拥有主动权，使企业生产出来的产品更符合自己的需求，为企业组织生产提供精准的参考依据。

采用 C2B 模式的企业，不再以产品生产为核心，而是围绕消费者及其需求来开展运营，即企业的生产是在消费者需求诞生之后。采用 C2B 模式的企业需进行小批量生产，丰富其商品种类，及时应对市场需求的变化，满足消费者的个性化需求，并与电商平台相互配合。如今，采用定制化模式的领域持续增多，个性化定制服务不再是上流社会人士专享的特权，而是逐渐走进寻常百姓家。

互联网数据中心发布的《电子商务驱动传统产业转型升级》报告

对国内产业发展情况进行了总结与分析。从报告中可以看出，传统产业的产能输出大于市场消费能力，与此同时，人们越来越重视个性化需求的满足，在这些因素的共同作用下，将有越来越多的企业通过 C2B 模式的应用来进行自身转型与升级。

中国于 1994 年 4 月建设完成带宽 64K 的国际专线，与国际互联网连通，开启了中国互联网时代。经过 20 多年的发展，互联网的应用已经渗透到中国各个领域，使国内经济发展呈现出全新的面貌，而最具代表性的便是网络零售的蓬勃发展。

通过网络零售市场交易规模的不断上升，能够看出市场对该消费方式的认可度不断提高，而分析网络用户的结构，能够对网络消费今后的发展走向有所了解。2006—2016 年，在所有互联网消费群体中，20 ~ 40 岁的用户比例逐渐增加，并将在 2016—2026 年仍保持增长趋势。在今后的发展过程中，伴随着互联网长大的“90 后”及“00 后”将成为消费主体，由电子商务驱动的产业革命会在更大范围内开展。

人们的消费观念与市场供需关系之所以不同于以往，除了消费者年龄构成发生变化外，还得益于以下两个原因：

（1）近年来，企业的生产能力及技术水平日渐提高，输出的产品数量不断增加，逐渐超出了市场总需求量，使消费者拥有更多的选择。2008 年金融危机后，部分传统制造企业在国内进行市场开拓，并借助电商平台扩大产品销售，有效缓解了自身的库存压力，但很多传统企业仍然停留在以往的生产模式下，并没有缩减自身生产规模，其产品的输出量远远超出市场总体需求，整体供需失衡。

（2）随着互联网的普遍应用，以及电商行业的蓬勃发展，人们可以通过多元化渠道获取市场信息，以往的信息闭塞状态被打破，消费者拥有更多的选择；另外，如今人们的消费能力及消费水平不断提高，批量化、格式化的产品已经无法满足其需求，消费者越来越关注产品的独特性及其配套服务。

电商行业的发展，不仅能使消费者在产品价格方面掌握更多的主动权，还能使产品更加符合消费者的个性化需求。电商行业依托平台与消费者群体的对接关系，给传统产业的发展带来巨大挑战。随着消费者主权的提高，在今后的发展过程中，将有越来越多的产业围绕消费者需求展开运营。

与此同时，国内移动电子商务的发展也推动了传统产业的转型升级。如今，通过智能移动终端，商家能收集到所有用户的数据信息，移动电子商务要取得进一步的发展，就要以智能终端的普及应用为切入点，据此掌握消费者的具体需求，为其提供相应的产品。

身处互联网时代下的所有企业，都应该全面掌握消费者需求。以往由生产商与零售企业占据主导地位的发展模式已经不适应新时代的需求，随着消费者地位的不断提高，如今已进入消费者主权时代，消费者能够根据自己的意愿和喜好选择商品，甚至参与到商品的研发过程中。

◎ 定制化运营：让消费者参与产品设计

按照以往的商业发展模式，厂家根据自己预测的市场需求，先进行规模化生产，再面向市场进行销售，虽然消费者可以挑选不同型号的商品，但在很多情况下，消费者选购的商品仍与自己的实际需求之间有一定的差距。另外，消费者需求的变化速度往往超出厂家及经营方的预料，厂家输出的商品很可能超出市场消化能力。

采用 C2B 模式的企业围绕消费者开展运营，与 B2C 模式下企业生产及销售推动消费者需求不同的是，前者将消费者放在核心地位，消费者需求发挥的是拉力作用。另外，C2B 模式与 B2B、C2C、O2O 模式之间也存在明显区别。

在 C2B 模式下，消费者群体出于自身考虑将自己对商品的需求反映给电商服务平台，平台在用户及供应商之间搭建起桥梁，将消费者的需求信息传达给供应商，企业邀请消费者参与到产品研发、设计等过程中，根据消费者需求进行产品生产。企业通过采用 C2B 模式，能够以消费者为中心增加商品的价值含量，避免陷入同质化竞争的困境。

采用 C2B 模式的企业能够切实掌握消费者需求，提高用户在产品生产过程中的参与度，根据需求量组织生产，进行个性化定制，减少企业面临的库存压力及成本消耗，提高营销针对性。从消费者的角度来考虑，能够买到符合自身需求的产品，在消费过程中掌握更多主动权。

C2B 模式早期的形态为美国 Priceline 公司推行的客户自定价系统，该公司借助网络平台发布商品及服务信息，让消费者将自己能够接受的价格上传到平台，再以该价格水平为参照，与能够以该价格提供商品的供应商取得联系，促成双方之间的交易。

Priceline 公司采用客户自定价系统，1999 年 1—3 月共销售了 19.5 万张机票，并将该模式应用到酒店预订、旅游票预订等多方面。在传统工业时代下，福特公司的生产管理制度因其影响力之大成为当时的典型商业模式，而今的 C2B 模式也具有同等的地位。该模式实施过程中的“以消费者需求为核心”“大数据及云计算的应用”“消费者参与产品设计及研发过程”“供应链各个环节的配合”等将作为其突出特点为人所知。

原创复古女装设计师品牌“阿卡女装”创立于 2005 年，两年后该品牌开通淘宝店，并于 2010 年进驻天猫平台，该品牌的所有产品都经由线上渠道面向消费者，其九成的销售额是由淘宝与天猫平台完成的。

该品牌在发展过程中采取了如下措施，并取得了不错的效果。

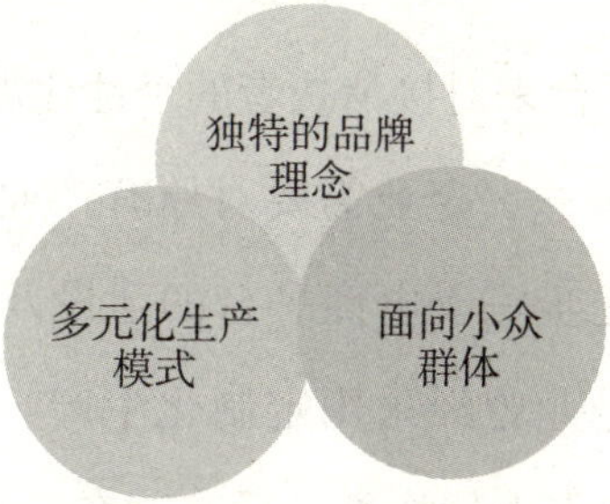

图 5-3　阿卡女装的经营模式

（1）独特的品牌理念。阿卡女装品牌具有自己的鲜明特色，追求"自由、随性、追逐梦想"的品牌理念，主打原创复古的服装风格。该品牌的独特理念使其从众多服装品牌中脱颖而出，并借助线上渠道实现了大范围推广。

（2）面向小众群体。阿卡女装主要针对小众群体，若采用传统线下渠道，能够聚集到的客户十分有限。阿卡在早期发展阶段尝试过线下运营，但其受众面很窄，以 100 个顾客为标准，最终能够达成交易的不会超过 3 个，为了扩大与消费者的接触面，阿卡与电商平台达成合作关系。

（3）多元化生产模式。若企业仍停留在以往的生产模式下，很难在电商化运营过程中对接消费者的不同需求。阿卡女装推行多样化的生产模式，为客户提供满意的服务，"单件成衣"模式可在短时间内交货，"传统流水"模式能够帮助企业控制成本，"单件流水"以小规模生产方式便于企业组织，并满足消费者的个性化需求。

在传统模式下，整个产业链中，供应端的产品生产决定需求端的消费。在 C2B 模式下，需求端将推动供应端改革。在该模式发展的过程中，以精准营销、粉丝经济、社会化供应链为主体的产业革命将发挥重要的推动作用。

然而，依托电商平台来对接消费者的个性化需求，需要经历漫长的过程。为了实施 C2B 模式，企业需要对原有产业链体系进行调整，引导消费者的需求，并逐步完善电商平台的建设及运营。尽管以尚品宅配、爱定客为代表的企业曾经采用定制化生产、预售模式来实施 C2B 模式，但都未引起业内人士的注意，后来，在“双十一”期间，淘宝、天猫与部分厂商就定制化生产达成合作关系，大幅增加产品销量，也使 C2B 模式进入大众的视野。

目前，在 C2B 领域中有所涉足的，既有以淘宝、天猫、京东等为代表的实力型电商平台，也有以万达、苏宁为代表的大型零售企业，这类企业正通过 O2O 模式进行升级，还有以小米、联想、海尔等为代表的品牌厂商，不少小规模企业及初创企业也纷纷加入进来，想在定制化生产市场上分一杯羹。

◎ 小而美电商：基于 C2B 的预售与定制

马云指出，未来商业界将会被诸多“小而美”的企业所主宰，这类企业将会把各种针对细分市场的小众产品塑造成一个个品牌。所以，企业需要思考目标群体的生活方式及消费习惯，并对自身的组织结构及商业模式进行变革。

以前，企业根据产品的功能及品类对用户群体进行细分，但如今需要从消费者的需求心理及消费理念来寻找目标群体，这对很多传统企业而言是一个巨大的挑战。虽然这些小而美的企业规模较小，但它们凭借极致专注会有极强的生命力，用户覆盖范围十分广泛。

被称为“工匠国”的日本不是因为松下、索尼等巨头企业，而是因为其拥有一大批基业长青的百年中小企业，这些企业在外界眼中知名度不高，但其产品却远销世界各国，年销售额达数十亿美元。

C2B 模式的崛起将为小而美企业创造海量的价值，通过预售定制，这些中小企业不必受制于资金的限制，可以先得到客户支付的货款后，再组织生产、安排配送等。这种模式会使企业的整体运营模式及组织结构发生颠覆性变革。

未来采用 C2B 模式的企业需要重点强调三个方面：粉丝、预售及定制。首先找到足够数量的目标群体，然后进行预售，接着为用户进行定制。饱受库存压力困扰的企业将不再为了库存而苦恼。

小米是粉丝经济的一个经典案例，对于自身生产的手机产品采用限时限量的预售模式，而长期以来小米的 MIUI 系统可以说一直是由小米论坛中的广大“米粉”所驱动。

作为一家互联网企业，小米公司的组织结构十分扁平化，为了更好地与粉丝融为一体，本不善于表达的雷军也多次走到聚光灯下与米粉进行互动交流。小米开发版 MIUI 系统每周就可以更新一次，能够充分满足那些愿意接受新事物的米粉的个性化需求，小米开发团队通过与粉丝进行交流沟通来获取反馈意见，从而为新产品研发提供数据支撑。

小米手机之所以快速崛起，很大程度上在于其独特的商业模式：

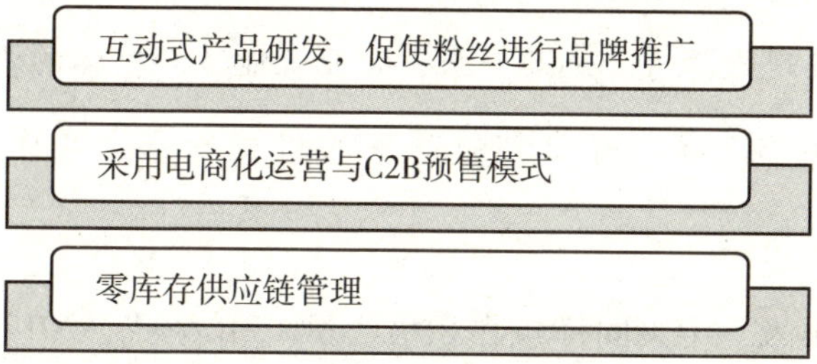

图 5-4　小米独特的商业模式

（1）互动式产品研发，促使粉丝进行品牌推广

小米品牌在初期发展阶段主要面向“手机发烧友”，包括产品的研发、设计、预售及售后服务，均向用户开放。为了方便与用户之间的交流互动，小米建立了社区平台，所有用户都可将自己的建议上传到平台，也可以与其他人分享产品应用体验。产品开发者则会定期收集及分析用户的建议，据此更新手机系统或应用。小米的研发方式不仅可以提升消费者体验，还能使自己的产品更符合消费者需求，在竞争中占据优势地位。与此同时，小米还通过网络平台积累自己的粉丝用户，促使其进行品牌推广，进一步扩大自身品牌的覆盖范围。

（2）采用电商化运营与 C2B 预售模式

不同于其他传统制造品牌，小米没有将传统线下渠道的运营作为主体，而是采用互联网思维开展电商化运营，并且实施了 C2B 预售模式。小米的销售体系包括小米官方网站、天猫旗舰店以及实体体验店三部分。为了突显自身的品牌价值，提高品牌影响力，小米采用了饥饿营销法，这一点与苹果存在共同之处。

（3）零库存供应链管理

小米之所以能够将库存降至零，除了完善的供应链体系之外，还与其总体的商业模式构建息息相关。通过采用电商化运营及 C2B 预售模式，小米可以参考精准的市场需求来组织生产，并通过这种方式有效降低库存直至实现零库存。如此一来，企业既能节约整体的资金投入，还能有效应对因 3C 家电行业翻新导致的价格跌落，减少企业承担的风险。

不只是小米，中兴同样也在积极尝试 C2B 模式，2017 年中兴宣布在众筹平台 Kickstarter 上发布新款眼球追踪手机 Hawkeye 众筹项目。作为一个全球领先的通信服务方案供应商，中兴在推进全球化的进程中，

十分注重培育自己的粉丝社群，如红粉、体育粉、摄影粉及青春粉等，这些忠实粉丝群体的存在，为中兴探索 C2B 模式打下了坚实的基础。

当然，从 C2B 模式中受益的绝不只是互联网企业，广大传统企业也将借此迎来新生。在消费需求驱动的 C2B 定制时代，只有那些真正抓住并满足用户个性化需求的企业，才能在激烈的市场竞争中成功突围。

◎ TCL + 京东：C2B 家电定制模式

2014 年 12 月，TCL 集团与国内电商巨头京东在北京召开了以“爱的温度，任你定制”为主题的首款网络定制智能空调发布会，标志着中国家电 C2B 定制开始揭开崭新的一页。

TCL 与京东联手推出的定制空调能够让广大用户对空调的名字、功能、颜色及遥控器等进行个性化调整，并在包括节能、静音、杀菌、除甲醛、智能 Wi - Fi 远程控制在内的 22 项功能中选择 6 项功能，在 4 款面板中选择一款，来组装成自己的空调。此外，在预售期间下单并成功支付的用户还将有机会用一款传统遥控器兑换 iPhone 6 手机。

TCL 与京东之间的跨界合作被企业界给予了高度评价，二者通过联手合作探索家电 C2B 定制模式，为行业竞争日趋白热化的传统空调市场提供了一条新的发展路径，也为互联网企业与传统制造商之间进行合作起到了良好的示范作用，更让广大消费者享受到了切实的优惠。

经过以下三个步骤，用户就可获取这款定制空调。

（1）支付 100 元的定金。2014 年 12 月 15 日—2015 年 1 月 11 日，凡是缴纳 100 元定金的用户皆可参与此次空调定制活动。1 月 15 日活动结束时，如果用户对定制方案不满意，京东将会把定金返还给用户。

（2）大数据海选。用户根据自己的需求，对空调的面板、功能、颜色、产品名称、遥控器等进行投票。投票结束时，京东将会及时向用户公布投票数最高的空调定制方案，并在1月12日—14日公布定制结果及最终的零售价格。

（3）京东将信息反馈给TCL，安排生产及产品配送。只要在2015年1月15日—20日支付尾款的用户数量达到2000人，此次定制空调项目就正式启动。TCL及京东承诺将在2015年3月陆续将定制空调送到用户手中。

京东与TCL尝试探索C2B定制空调的案例为相关企业提供了宝贵的经验，在此次跨界合作过程中，作为电商平台的京东不再只是TCL的渠道商，而是资源共享的战略合作伙伴。广大消费者也不用被动地接受商家提供的产品，而是能够让商家根据自身的个性化需求去生产产品及服务。

第 6 章

C2B预售：基于消费者意愿的电商运营实战

6.1 预售模式重塑电商运营法则

何谓 C2B 预售

“预售”模式是指运营方依托互联网平台的优势，将顾客的需求信息集中起来，形成规模化订单后传递给生产厂家，厂家接收到需求信息后，据此对整个供应链系统进行调整，明确自己的市场目标，根据需求量安排生产规模，省略库存环节，对供应链各个环节进行优化，有效控制生产成本及流通成本，通过这种方式增加企业的盈利，并为消费者提供满意的产品。

概括来说，预售模式是在厂家生产之前收集订单，根据需求量安排生产，之后进入流通环节，最终经由零售企业面向市场，这种方式是对传统电商销售的颠覆，使得依托线下渠道的很多中间商难以生存。

例如，某厂家采用预售方式组织生产，共接到 1 万份订单，且有 60% 的下单者对该产品的需求无明显区别。在这种情况下，厂家就能采用批量化生产方式完成其中 6000 份订单，通过这种方式来满足消费者的个性化需求，并形成规模效应，降低库存压力，实现成本控制等，具有多方面优势。

再来分析一下服装领域，服装零售行业在运营过程中需处理高额库存，若经营者转变发展思路，依托线上渠道采用定制化生产模式，将制作好的新品样衣上传到网络平台，由消费者下单，之后再安排该产品的规模化生产。在这个过程中，消费者可以根据自己的喜好决定服装样式，生产规模也取决于订单量，如此一来，企业便能有效减少库存压力，提高自己的竞争优势。

C2B 模式诞生后，获得了众多消费者的青睐。那么，消费者认可该模式的原因是什么呢？

一方面，消费者能够以低廉的价格买到商品。例如，2016 年“双十一”期间，很多预售产品的价格比其往日的实际价格要低 10% 或更多，足见其优惠力度之大。

选购天猫“双十一”预售产品的顾客，需要支付定金与尾款。其产品最终价格也分为两类：阶梯价与非阶梯价。实施“阶梯价”模式的产品，其最终价格与订购人数直接相关，该产品的价格会随着订单量的增加而降低，当预售活动关闭后，网络平台发布的价格即为产品最终价格。采用非阶梯价的产品则不存在价格方面的变动。

另一方面，采用预售模式能够有效加速产品供应链体系的运转。例如，家用纺织品行业中的知名品牌“宝缦”，采用预售模式，在拿到产品订单后，据此安排原材料供应，完成面纱采购、纺织、印染，组织产品生产，进行配送，将所有制作流程所用时间控制在一周内。在这种模式下，纺织厂能够有效控制其成本消耗，化解库存压力。

除此之外，预售模式更符合消费者的个性化需求，突破传统模式下标准化生产的方式。在企业进行产品设计及研发时，消费者也能够参与进来，掌握更多的主动权，而非一味接受企业输出的成品。换句话说，预售模式不仅能够增强消费者的体验，还能使企业的生产更符合市场需求。

对各类产品的销售情况分析后不难发现，近年来，定制化产品受到众多消费者青睐。“太平鸟”家纺实施定制化生产模式时，借助线上渠道，就服装面料、制作工艺、包装方式等向广大消费者征询意见，并推出阿狸套装定制产品，在网络平台发布其定制信息后，受到消费者的大力追捧，企业也将小批量生产计划扩大到大规模生产。

与其类似的是，“九牧花洒”也采用定制化模式，针对消费者需求对原有产品结构进行了改造。部分消费者希望花洒不仅能够满足其洗浴需求，还能将洗衣机水管接到花洒下出水龙头上，并方便冲洗浴室。经过重新设计后的花洒满足了消费者的多元化需求，获得市场认可。

与此同时，部分专注于线下渠道运营的企业，也开始尝试采用预售模式组织生产及销售，不过他们会提前在网络平台发布产品样式，根据消费者反馈来决定是否在线下展开运营。

◎ C2B 预售的起源、优势与企业案例

近几年，线上消费在国内市场占据越来越重要的地位，在这样的发展趋势下，预售模式成为新生主力。为了方便消费者购买个性化产品，阿里巴巴早在 2013 年 4 月就成立了自己的预售平台 yushou. taobao. com。

预售模式的使用，能够帮助商家了解消费者的核心需求，做好市场定位，并保证产品供应，因此，该模式受到传统行业的青睐。但是，并不是所有的领域都能直接套用预售模式，一方面，企业自身的发展规模、供应链完善程度及生产效率等会限制模式的实施；另一方面，商家能否在具体实施过程中满足消费者的需求，也需具体行业具体分析。

C2B 预售模式是从美国发展起来的，该模式实施的关键是将分布零散的众多消费者集中起来，以团体形式与企业进行互动，使其在议价中

掌握更多的主动权，企业则更多地让利于消费者，颠覆了传统 B2C 模式下消费者只能单一购买的方式。

Threadless 是芝加哥的一个网络 T 恤销售平台，也是最早采用 C2B 预售模式的平台之一，该平台通过整合用户的需求和创新想法进行商品生产。除了 Threadless，很多公司都开始采用预售模式进行商品研发与推广，具有代表性的有宝洁公司、通用公司等。

英国的家具销售平台 made. com 就是 C2B 预售模式的实践代表，该公司会发布自己的产品设计方案，向消费者征求意见，从中选出消费者最为满意的产品组织生产，然后将产品出售给提前订购的消费者。made. com 的创始人为华裔李宁，他于 2010 年在伦敦与合伙人共同创办了 made. com，现在这家企业有 30% 的员工在上海工作，他们的职责是向中国的家具生产企业提供来自欧洲设计人员制定的产品设计图。该公司的运营主要通过互联网完成，包括收集用户反馈信息、产品推广以及销售等，无须进行产品储存及管理，有效降低了产品最终的市场价格。

通过采用 C2B 模式，商家能够根据订单安排自身运营，对供应链各个环节进行完善，减少成本消耗。在这种模式下，企业不仅能够降低产品价格，还能提升自己的利润空间，为传统产业在电商时代的发展开辟了全新的道路，有利于推动产业升级与转型。

很多传统行业还是按照传统的分销模式开展运营，产品由生产商输出后，需经过层层中间商，最后才能面向消费者，这无疑大大增加了库存成本和销售风险，企业需经过很长时间才能了解市场需求情况，且生产商和各级代理为了避免供货不足的现象，还会提前备货，进一步增加了库存压力。

根据调查，为了保证产品供应，某种产品销售出一件后，厂商需要储备 2 ~3 件该商品来补货。而且最近几年市场需求多变，这使企业在库存环节中承担更大的风险。

运用 C2B 预售模式可以有效降低企业在运营过程中面临的库存压力。

（1）C2B 模式可通过网络渠道进行预售，以消费者的订单量为参考安排生产，从而在保证产品供应的基础上减少库存压力，也能加速资金周转，同时减少了销售环节，降低成本，进而降低售价。

（2）有些企业的销售地点与仓库相距较远，采用预售模式可以改为快递发货，提高企业的运营效率。

（3）预售模式可以帮助企业提前掌握消费者的个性化需求，为其提供定制化产品，提高消费者的满意度。

华为于 2013 年 3 月与电商平台天猫、聚划算合作推出智能手机 Mate，在产品发布 3 小时后，其销量便达到 5000 部，开售两天后，该产品的销量超过 10000 部，刷新了天猫手机销售的最高成绩。早在 2011 年 11 月，华为就与天猫达成合作关系进行产品研发，为了征集消费者意见，他们采取包括网络调研、消费者问卷调查等方式，并对天猫手机的相关数据库进行分析，在此基础上推出 Mate 手机。华为 Mate 手机也成为我国第一部采用 C2B 模式推出的手机产品。

近年来，家电企业之间展开激烈的竞争，为了突显自身优势，不少家电企业也纷纷采用 C2B 预售模式。海尔在开拓互联网市场的过程中就采用了定制模式，希望能够在市场上占据有利位置。该企业倡导消费者自己设计产品，致力于打造消费者真正需要的产品，以“只为需要的功能买单，为不需要的功能免单”为宣传标语。

统帅品牌是海尔集团打造的第三个子品牌（前两个为海尔、卡萨帝），该品牌的具体运营模式如下：首先依托网络平台收集消费者的个性化需求，据此设计产品的基础模块，以投票方式获取用户的意愿，开通线上订购渠道，接受用户订货，然后根据需求为其提供产品并负责后续安装。例如，在电视产品销售过程中，海尔集团借助海尔商城并联合天猫平台，在生产前的半个月到一个月内整合用户需求，接下来以投票形式确定产品的功能设计，之后进入生产环节，最后凭借公司的整合处理能力，为产品生产、物流、售后服务等提供保障。

C2B 预售模式给企业带来的机遇与挑战

尽管 C2B 模式的发展被业内人士普遍看好，但是如何通过该模式实现盈利，仍需要企业进行持续性探索。实现批量化生产、整合产品供应链都是当前企业需要克服的困难。部分企业存在产品标准严格、采用批量化生产模式、产品定制化生产消耗时间长的问题，难以在运营过程中真正落实预售模式。

不同于其他模式的消费，预售模式中的消费者在商品配送环节愿意花费时间等待，但消费者的耐心也是有限的。并且，消费者等货的时间越长，其对商品的期待就越高。另外，预售模式中企业根据订单量生产商品，如果预售数量没有达到预订计划，对企业来说，是否组织后续的生产依旧是个难题，如果企业不愿在这方面投入超出计划的成本，就无法实施预售模式。

另外，预售模式需与行业本身的特点相符才能被应用。举例来说，有一家公司在出售电影票时，将预售模式应用于针对小众消费群体的电影，希望通过预售模式先把票卖出去，再组织影片播放，通过这种办法来应对小众电影排片困难的处境。但该公司规定，消费者需提前 30 天购买电影票，在买票时不确定电影播放的时间和地点，因此这样的预售方式未得到观众的广泛认可。

对包括天猫、淘宝、京东商城在内的电商平台在预售方面的发展进行分析能够看出，现阶段下，预售模式主要用于新品、畅销品及半成品三个品类上。

新品预售是指生产企业研发出新品后，采用预售模式推向市场，根据其销售情况获知市场对该产品的接受度，进而安排后续的产品生产及推广范围；畅销品预售是指针对消费者较为青睐的产品实施预售方式，帮助生产企业获知消费者的需求量及其对产品的反馈信息，减少企业面临的库存压力，通过这种方式进行产品优化，并在价格设置上符合消费者心理预期；半成品预售是指生产企业设计出产品的基本轮廓及框架，根据消费者意愿选择产品的材料、款式、价格等因素，按照这种方式生产出来的产品能够更好地符合消费者需求，但从产品生产到最终到达消费者手中，需要经历漫长的时期，且此类产品的使用频率较高，档次也较高。

随着互联网技术的高速发展，将有越来越多的企业采用 C2B 模式，并逐渐形成完整的商业生态系统，从根本上改变传统的商业生态运营模式，促使生产企业在产品材料选择、款式设计、价格设置，以及货品仓储、产品营销等各个方面突破原有模式，最终使制造商、零售企业、消费者都能从中获益。

C2B 预售模式固然存在很多优势，能够帮助企业降低库存压力，节约开支，但也有不足之处，主要体现在以下三个方面：

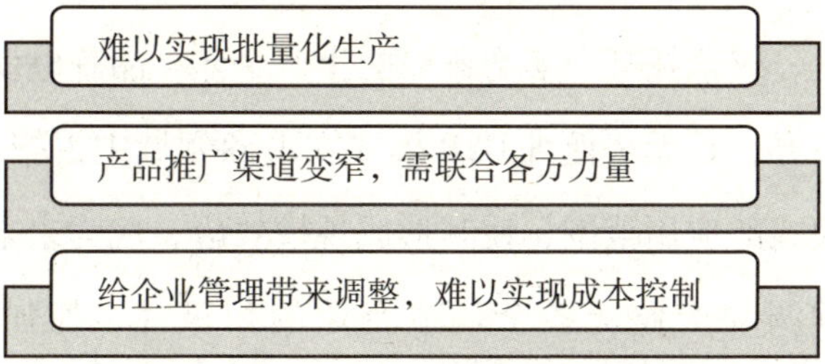

图 6－1　C2B 预售模式存在的不足

◆ 难以实现批量化生产

若厂家不具备足够的规模，缺乏品牌效应，在汇集消费需求方面将面临困难，也就无从实现批量化生产。只有那些建设了完善的供应链体系、拥有雄厚资金基础的商家，才能实施 C2B 预售模式。如今开展电商业务的企业主要分为两类：互联网企业与实体企业。其中，互联网企业因规模较小，不具备完善的供应链体系，无法采用预售模式；相比之下，尽管实体企业建立了自己的供应链系统，能够独立完成产品存储、配送等各个流程，但这类企业不擅长电商化运营，难以把握线上消费者的行为特征及习惯，也无法对顾客形成吸引。所以，从现阶段的发展情况来看，采用 C2B 模式颠覆传统仍有很大难度，需要所有参与者共同努力。

◆ 产品推广渠道变窄，需联合各方力量

采用 C2B 预售模式的厂家需跨越中间商，与消费者进行直接互动。这意味着，这种模式下的厂家无法再借助中间商进行产品营销，其推广渠道也将变窄，而厂家很难在不借助外力的情况下进行规模扩张。经由线上渠道购物的消费者分布不集中，无论是产品定制还是产品预售，都需要运营方做好宣传工作，并需要分销商与代理商积极配合，为其预售模式的开展做好铺垫。

由此可见，仅依托某个实力雄厚的生产企业、品牌电商，或者大型优惠活动的举办，是无法促进 C2B 模式在电商领域中占据主导地位的。为了扩大该模式的应用范围，使其形成规模效应，成为未来电商发展的大趋势，必须调动产业链各个环节企业的积极性，加强彼此之间的合作。

◆ 给企业管理带来调整，难以实现成本控制

国内传统厂商的信息化建设不完善，管理水平有待提高，要改变以往的生产模式，进行小批量生产，无疑将使其面临巨大的管理压力，此外，企业很可能需要投入更多成本，使其资金周转出现问题。

C2B 预售模式更多地考虑到了消费者的个性化需求，企业采用定制化生产模式，虽然能够对接市场需求，使其产品更受消费者欢迎，但这种方式也会增加企业的成本投入。现阶段，C2B 模式适用于利润空间较大、价值体现明显、档次较高、定制难度较小的产品。如今多数企业仍停留在传统生产模式下，采用既定的、标准化模式组织生产，维持自身运营。

另外，很多采用预售模式的产品出现许多售后问题，导致消费者对该模式产生怀疑。率先采用预售模式的房产销售行业，在消费者与开发商交易完之后，却发现房屋存在质量问题，从而导致双方之间产生激烈矛盾。电商行业的预售模式，也因为产品质量达不到消费者预期而产生相似问题。

例如，受到众多消费者青睐的手机预售，在选购智能手机时，用户最关注的当属产品体验，而如今在线上渠道开展的手机预售，只是向消费者发布该产品的硬件参数，消费者不能直接体验，但参与产品预售活动的人需提前付账，这就导致消费者需承担较大的风险，一旦产品出现问题，双方之间就容易产生矛盾。

如今在商业领域出现了很多这样的现象：经营方采用预售模式营造产品供不应求的氛围，促使消费者下单，但消费者却迟迟拿不到产品，经营方的行为涉嫌欺诈。由此可见，相关部门需要强化与 C2B 模式相关的制度建设，减少经营者假借预售之名侵害消费者正当权益的现象，为了降低消费者承担的风险，也可以将预付款交给第三方管理，避免经

营方在拿到款项后不按期交付产品。

概言之，要使C2B预售模式真正推广开来，使更多企业采用定制化生产方式，并使其成为主流发展趋势，就需要对传统模式下的供应链体系进行全面优化。为此，企业需着眼于产品的材料选择、款式设计、价格设置、产品存储、产品营销及推广等各个环节来改革其供应链体系，为C2B模式的实施打下基础，使厂家、经营方及消费者都能从中获益。

◎ 项目众筹：C2B预售的实践新路径

C2B的概念虽然相当火热，但在具体实践方面却令人颇为失望，除了淘宝、天猫、京东进行小规模的尝试外，能够为消费者提供定制化产品的企业数量相当有限。随着诸多众筹平台在国内市场上的大量涌现，C2B模式具备了良好的落地途径。

C2B未能迎来爆发式增长主要是因为两方面的原因：一是C2B模式本身要求企业具备柔性化生产能力，目前绝大部分企业尚不具备这种能力或者因为成本过高而不愿意采用；二是对经销商造成致命冲击，C2B模式强调去除中间环节，消灭中间商，但目前厂商最为主要的订单还是来源于线下，让他们放弃经销商及渠道商完全依赖线上很不现实。

众筹平台则为C2B模式的推广普及提供了强有力的支撑。最早的众筹平台是美国的Kickstater，该平台创建的目的是通过社会大众的力量来帮助那些有梦想的艺术家们能够圆梦。随着众筹概念的不断推广普及，其范围已经拓展至电影、音乐、农业及科技等诸多领域。

对很多国内普通大众来说，众筹是一个相对较新的概念，众筹项目具体运营方式主要是：项目发起人在众筹平台上提供与项目相关的详细信息，吸引投资者参与投资，只要能够在项目规定的时间内筹集到预期的金额，就意味着众筹项目取得了初步成功。

而众筹与 C2B 模式的结合，能够让企业找到存在一定用户规模的个性化需求，从而实现产品及服务的定制化生产。在现有的生产力水平下，如果企业完全根据消费者的个性化需求去生产产品，会产生极高的成本，普通消费者不会愿意为之埋单。

借助于发起众筹项目，企业可以根据自身积累的运营经验、用户调查、自身的发展状况等制定出一个既符合用户个性化需求，又符合自身价值变现诉求的项目，从而实现共赢。如果项目投资人数过少，则说明这一项目所满足的用户个性化需求的用户数量太少，要求企业必须对项目进行优化调整或者寻找新的项目。

众筹平台的出现也让企业拥有了一个新的渠道，而且这种渠道不会给现有渠道带来较大的冲击，为企业创造新的利润增长点。从某种程度上说，C2B 模式是以用户的个性化需求为核心，但这也让企业可以不用在一些消费者不关心的功能及服务方面浪费资源，产品成本被极大地压缩，并为企业创造了更多的利润空间。

众筹平台本身就是一种新兴业态，是一种新事物，这使得无论是企业内部的组织成员，还是平台中的广大目标群体，都能以一种更为包容的心态看待众筹项目，即便在产业价格并不具备优势，产品本身可能存在一定的不足，但仍会有消费者愿意埋单。

众筹平台为企业探索 C2B 模式打下了坚实的基础，与现有的线下门店或电商平台所不同的是，众筹能够让企业根据平台用户对项目的反馈信息来对企业运营做出有效调整，逐渐发掘出一条行之有效的 C2B 模式落地途径。

一些企业也在尝试借助众筹平台来探索 C2B 模式，例如，几年前，青岛旅游集团在众筹网上推出了“海钓达人——海钓人的终极梦想”众筹项目。该项目的目标用户群体就是那些存在个性化旅游需求的消费者，项目设置的目标筹资金额为3万元，筹资时长为半个月，结果上线不到24小时，就筹得3.5万元，项目结束时获得了共计4.3万元的筹资额。

由于该项目是在众筹平台上进行的，基本不会对青岛旅游集团已有的旅游业务带来影响，仅通过一个由4人组成的项目团队就为企业找到了一个新的利润增长点。

在众筹平台上类似“海钓达人——海钓人的终极梦想”的项目还有很多，而且随着众筹模式的快速崛起，以及C2B概念的不断推广普及，会有越来越多的企业尝试将二者进行深入融合，借力众筹平台不断试错，最终找到一条适合自身发展的C2B战略转型落地解决方案。

6.2 生鲜预售：生鲜电商如何实现突围

◎ 生鲜电商模式运营的创新

对生鲜电商而言，物流环节的成本消耗在很大程度上阻碍了他们的发展。为了解决这个问题，更好地满足消费者的需求，生鲜电商开始采用 C2B 预售模式开展运营。

生鲜电商通过采用 C2B 模式，能够加快产品供应，减少流通过程中的产品损耗，节约成本支出，为消费者提供优质的产品。与此同时，生产者的利润空间会提高。但是，采用 C2B 模式的生鲜电商需要对接消费者的个性化需求，其产品配送要求也较高，难以在短时间内实现规模化拓展。

在电商行业，生鲜电商以其广阔的发展前景吸引了众多目光。尽管传统生鲜零售能够使经营者获得较高收益，但其对经营者的能力要求也很高。

包括沱沱工社天天果园在内的电商平台，其物流环节的成本消耗都不低。以沱沱工社为例，该平台从产业链上游出发，建设了独立的生产基地，通过平台进行线上销售，产品配送则由自建物流体系来承担。天天果园获得了京东的投资支持，也在优化自身物流体系。除此之外，大多数垂直生鲜电商平台，会联合第三方物流企业完成产品配送。

生鲜电商通过采用 C2B 模式，能够有效地解决传统生鲜零售因货物存储带来的大量产品损耗。传统生鲜零售采用 B2C 模式，经营方先进行大规模采购，利用仓库对产品进行集中存储，之后再根据订单销售。因存储及配送导致的产品损耗可达 15% ~20%。C2B 模式以预售方式开展运营，电商平台可依据订单量进行采购，不仅能使产品直接到达消费者手中，减少仓储环节的成本消耗，还能有效降低流通过程中的产品损耗。

为了减少在末端配送环节中的成本消耗，包括“一米鲜”“鲜达网”在内的生鲜电商平台，推行上门配送与消费者自提方式。

另外，在传统零售模式下，水果从原产地到最终面向消费者，中间需经过层层经销商，在这个过程中，其价格也会不断增加。最终在市场上显示的产品价格远远高于其最初的采购价。采用 C2B 模式，能够省略掉中间的经销环节，使产品从原产地直接到达消费者手中，在保证生产者获利的同时，可以为消费者提供质优价廉的产品。

虽然 C2B 模式能够帮助平台解决诸多运营问题，但这种模式不一定适用于所有生鲜电商平台。如今该领域内的竞争不断加剧，生鲜电商品牌要想从众多同类企业中脱颖而出，就必须具备独特的品牌价值，既要建立良好的品牌形象，提高品牌知名度，还要与供应方即原产地经营者达成合作关系。为此，平台需耐心地与生产者进行沟通，如有需要，应该建立专业团队，负责与生产者打交道，为了促成双方合作，有时还需要借助用户的力量，在平台方与生产者之间搭建桥梁。

将配送任务交给第三方物流企业确实能降低该环节的成本消耗，但平台无法保证流通过程中的产品质量。通过线上渠道购买生鲜产品的消费者，对产品质量有较高的要求，如果产品质量与其预期相差较远，或者在服务方面达不到其要求，消费者就可能转向其他平台。所以，部分生鲜电商独立打造物流体系并在该环节中加大投资力度。C2B 生鲜电商要培养长期用户，就要在满足消费者个性化需求及规模化运营之间把握好节奏，在短时间内难以实现规模化扩张。

如今，国内生鲜市场还在不断发展中。权威调查机构的数据结果显示，我国 2015—2016 年生鲜电商仍保持高速增长状态，2016 年的生鲜销售额比 2015 年增加了 390 亿元。2015—2019 年，水果市场的年复合增长率将保持在 3% 左右，到 2019 年，水果市场的总销量将接近 1.71 亿吨。

对生鲜电商行业而言，最关键的是盈利，根据中国电子商务研究中心的调查，目前我国只有 1% 左右的生鲜电商平台进入到盈利阶段，平台运营方需采取有效措施实现进一步发展。

不过，实现盈利是一个长期的过程。随着 C2B 生鲜电商的发展，平台运营方可在分析销售数据的基础上为生产方提供精准的参考，依据具体的销售情况制定采购方案，提高整体资源利用率。

◎ 创新生鲜 O2O 供应链体系

近几年，生鲜 O2O 领域获得迅速发展，不仅吸引了众多投资者的目光，还有很多创业企业纷纷加入，进一步推动了该领域的发展。生鲜电商“食行生鲜”于 2015 年 5 月成功完成 B 轮融资，资金额度达 1.8 亿元，显示出该领域的广阔发展前景。

所谓生鲜产品，即没有进行深加工，而是在进行保鲜及基本处理后面向消费者的产品，另外，现场加工的熟食、面包也属于生鲜产品的范畴。根据权威机构的调查结果显示，国内 2015 年生鲜电商的增长比例达100%，销售额达521亿元，2016年增长比例也高达75%，销售额达911亿元。随着该领域的不断发展，无论是国内企业还是海外企业、垂直电商还是综合型平台电商，都纷纷在该领域开展运营。生鲜产品与传统零售产品、计算机、通信及消费类电子产品存在明显区别，其储存难度大，需具备冷链物流，用户消费习惯迥异，在流通过程中容易产生损耗，导致行业盈利空间小。根据中国电子商务研究中心的统计结果，到2016年第一季度末，我国实现盈利的生鲜电商企业，在总体中的比重仅为1%，支持与收入抵消的企业占据总体的4%，而其他生鲜电商均处于入不敷出的状态。

以生鲜电商涵盖的品类、运营方式等为参考标准，其商业模式包括以下四种：

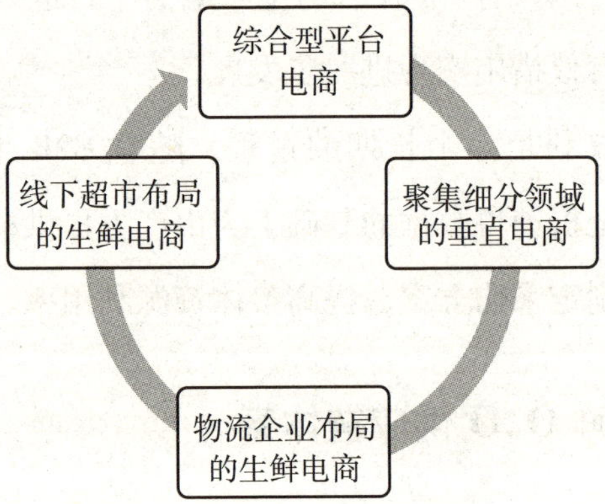

图6－2　生鲜电商的四种商业模式

（1）综合型平台电商。综合型平台电商通过经营生鲜品类来提高消费者的依赖性，促进整体交易。采用该模式的平台会与生鲜厂商达成合作关系，平台对其经营进行监管，但产品配送不是由平台完成的。典型代表有亚马逊、天猫、淘宝、京东等。

（2）聚焦细分领域的垂直电商。这类电商平台围绕生鲜产品开展运营，拥有独立的冷链配送系统。其服务范围通常仅限数量有限的城市地区，从而实现成本控制。典型代表有食行生鲜、中粮我买网、本来生活网等。

（3）物流企业布局的生鲜电商。一些物流企业借助自己打造的物流体系，经营生鲜产品，并通过这种方式推动冷链物流的打造。典型代表有顺丰优选。

（4）线下超市布局的生鲜电商。线下超市仅通过线上渠道进行推广，服务门店周边地区的消费者，这种运营方式能够提高配送效率，降低成本消耗，不过其业务多依托实体渠道。典型代表有沃尔玛、永辉超市等。

在以往的 B2C 模式下，经营方需提前进行大规模采购，对商品进行仓储管理，再对外销售。其中，仓储环节及配送途中都容易造成产品损耗，其总体损耗比重超出 15%，严重者可达 20%。C2B 预售模式则不同，经营方提前汇集用户订单，根据订单进行采购，能够将产品存储时间由原本 3 周左右，减少到 20 小时以内，将产品在储存及配送过程中的损耗降低至 3% 以内。

对 C2B 模式进行分析不难看出，该模式是围绕用户开展运营的，对原有产业供应体系进行了优化。一方面，由原产地提供产品，能够保证产品的质量及安全性，而且采用该模式进行生鲜产品的配送，能够缩短物流周期，有效控制整体成本，使产品能够更快到达消费者手中。另一方面，根据销量采购，实施 C2B 模式的企业采用预订与团购相结合的运营方式，能够有效避免商品滞销导致的大量损耗，从而降低整体成本。

为了突显自身优势，在激烈的竞争中维持自己的地位，生鲜 O2O 电商采取的措施如下：

（1）独立建设生产基地。生鲜O2O平台“五百家”采用C2B模式运营蔬菜生鲜，以产业链上游为切入点，在崇明岛开辟了自己的蔬菜种植基地，总面积达150亩，并组织目标消费者到原产地参考，有消息称，所有前来参观的用户，都成为“五百家”的消费者。

（2）拓宽用户覆盖范围。生鲜O2O的用户包括个人用户、家庭用户、餐厅用户等。在个人用户方面，生鲜闪购平台“拼好货”，通过完善供应链体系，与客户实时对接加速运转，获得了众多消费者的认可。在家庭用户方面，O2O商城“日日鲜”建立社区服务点，让消费者以自提方式取货。在餐厅用户方面，餐饮业将高质量的生鲜产品消费者集中起来，经营方可与餐饮企业合作，开展生鲜O2O模式的运营。

（3）独立打造物流体系。将产品配送任务交给第三方物流企业来完成，固然能够降低该环节的成本消耗，但无法保证配送途中的产品质量。为了解决这个问题，“天天果园”依靠京东的投资支持，不断优化自己的物流体系，沱沱工社也建设了自己的物流体系，承担生鲜产品的配送。

直采预售：天猫C2B生鲜电商运营实战

美国西北地区的车厘子农场在进入7月后开始集中向市场供货，而自2013年6月末开始，该地区的车厘子还未采摘，就以预售模式被天猫平台的消费者订购。数据统计显示，在10天之内，该项目接到了55000份订单，出售总量达108吨，我国1000家大中型超市总体的日销量也不过如此。此次车厘子网上订购，在中美电商贸易中，是单笔数量最高的水果订单，不仅如此，消费者对其买到的产品非常满意，47000位消费者以5分评价表示了对此次购物的认可。

天猫于2013年7月22日正式推出“时令最新鲜”频道，该频道采用预售 C2B 与冷链配送相结合的模式，首次尝试便大获成功。在车厘子预售活动取得成功后，美国西北地区的车厘子农场主基于回馈中国消费者的目的，联合天猫平台开展第二次预售活动，并以原价出售（179 元/4 斤），订购满 30000 单为止。

◆ C2B 预售直采，流通成本大降

天猫平台通过采用 C2B 模式，解决了采购生鲜产品过程中的地域跨度问题。另外，平台在该模式下聚集的大量订单使其能够满怀信心地应对供应链方面的问题，不仅如此，采用 C2B 模式的天猫还能以低于其他销售方式 30% 以上的价格，为消费者提供同等质量的产品。

天猫平台采用 C2B 预售模式，首先将分散的订单集中到一起，然后与厂商达成交易。消费者参与预售产品活动时，在前期需要支付小额定金，后期需支付尾款，然后才能拿到自己订购的产品。这种预售模式与团购网的运营方式存在明显区别，团购网需提前就团购价格与商家达成一致，之后再面向消费者销售商品；而采用预售模式的电商平台，是先收集消费者订单，用订单量要求商家供货。C2B 预售模式，除了能够应用于生鲜产品，还能够应用于服装、家电、旅游、餐饮等各个领域。

天猫采用 C2B 预售模式之所以能够降低产品售价，得益于如下几个环节：大规模采购能够使成本消耗减少 10%，将营销环节放在产品面市之前，能够减少 10% 的成本消耗，干线物流配送能够减少 5% 的成本消耗，降低库存压力，可减少 7% 的成本消耗，加速资金运转可减少 4% 的成本消耗，总体成本可减少 43%。

◆ C2B + 冷链配送确保“时令最新鲜”

天猫平台开展的车厘子预售活动，在使产品从生产方直接到达消费者手中的同时，为了保证水果质量及其新鲜度，还采用冷链配送。

因为车厘子的保存及运输难度较高，若储存条件达不到要求，就容易导致产品在运输过程中产生大量损耗。我国7月各个地区普遍高温，要将108吨车厘子以4斤包装完后，向不同地区配送，无疑给配送团队带来巨大挑战。天猫平台采用的冷链配送方式恰到好处地解决了这个问题。

很多参与此次订购的消费者在收到商品之后都表示非常满意，包装材料具有良好的保温效果，里面放置的冰块能够使车厘子保持新鲜度，不仅如此，产品有可靠的品质保证，口感也非常好，很多消费者都表示超出了自己的预期。根据数据统计结果，共有47000位买家给予5分好评，足以证明此次B2C预售取得的理想效果。

根据天猫内部管理人员的分析，该平台采用C2B预售模式，从产品采摘，到空运到国内储存中心，经过分包、配送到达指定地点，整个流通过程控制在72小时以内，辅以高效冷链，既能保证产品新鲜度，又能将产品损耗控制在5%以下。相比之下，若采用以往的产品供应方式，经过实体渠道出售，产品的流通时间要大幅延长，在这个过程中，低温储存所需的成本消耗会提高，而且产品新鲜度也失去保证。

由于目前国内冷链配送建设不完善，为了解决这个问题，天猫通过平台化运作方式，实现区域性冷链服务的整合，将分布在不同地区的冷链资源集中起来，使其能够服务于包括自己在内的更多企业。如今，阿里的物流部门与包括北京、上海、江苏等在内多个地区的冷链物流企业达成合作关系，并联手东方航空公司进行空运。天猫于2013年开始进行生鲜冷链物流建设，其首期主要针对水果生鲜产品，可实现从上海到北京、天津、温州、广州等26个城市及地区的冷链配送。

◆ 打造电商生鲜新标准

天猫曾经就难以通过网购方式选购的商品类型向网友征询意见，多数网友表示，难以通过线上渠道买到“新鲜的车厘子、活的龙虾”。天猫则通过自己的努力证明这些都不是问题。天猫上线“时令最新鲜”，目的之一就是，在电商行业内形成针对生鲜产品运营的新标准，为消费者提供满意的生鲜服务，使其通过线上渠道，同样能买到安全、优质的水果、海鲜等产品，并且能够享受新鲜的产品。

除了在配送过程中减少产品损耗外，天猫还通过客服，以电话通知的方式，在发货后提醒消费者及时冷藏，并告知其包裹到达的大体时间，如果消费者因个人原因接不到电话，客服人员则会持续拨打，保证消费者能够接到自己需要传达的服务信息。所有购买天猫生鲜产品的买家，都会接到类似的服务电话。

为了避免在服务方面出现疏漏，天猫会向合作商家提供服务手册，明确列出对方需落实的服务规定，连同配送人员在上门送货时的敲门方法等细节也囊括在其中，可见其对细节的重视。

天猫平台在正式推出“时令最新鲜”频道之前，不仅尝试过美国车厘子的预售，还开展过阿拉斯加海鲜年货、内蒙古羊肉的线上运营。该平台采用 C2B 预售模式，会继续拓展其运营范围，跨越地域因素的限制，为国内消费者提供更多生鲜产品。例如，西双版纳的青柠檬、新西兰的黄金奇异果等产品，都可通过天猫的“时令最新鲜”频道从产地到达消费者手中，满足消费者对时令新鲜产品的需求。

第 7 章

定制营销：基于个性化需求的精准营销法则

7.1 创造并满足消费者的个性化诉求

◎ 定制营销的内涵与特征

如今，经济全球化进程不断加快，经济发展水平也日益提高，这使得总体市场布局发生了明显变化，在此期间，人们的消费需求也已经不同于以往。按照传统模式生产的标准化产品已经不符合消费者的期待，为了解决这个问题，企业需对原有运营方式进行改革，定制营销便在时代需求的驱动下产生了。

定制营销是企业在采用以往生产模式的前提下，以对待细分市场的方式来对待个体消费者，同时，要按照消费者的个性化需求，进行产品的研发、生产及输出，最终为消费者提供满意的产品。在这个过程中，企业致力于用消费者可以接受的价格水平，同时进行自身成本控制，采用定制化生产模式组织生产，从中获得预期收益。

20 世纪 90 年代以来，越来越多的企业突破传统营销理念，开始采用定制营销方式。伴随着社会经济的发展与进步，人们的消费能力及消费水平会逐步提高，相应地，其价值理念也会产生变化。以往人们的消费多集中于生存所需的衣、食、住、行等基本方面；如今人们越来越注重自身的个性化需求，希望产品拥有更多基本功能之外的附加值。

也就是说，传统模式下规模化生产、标准化的产品难以满足消费者的心理期待，如今的消费者更青睐于那些具有自身特色、能够符合其个性化需求的产品。为了适应外部市场环境的变化，企业则需对以往的营销方式进行调整。

有人把定制营销与传统手工定做混淆在一起。事实上，两者之间是有明显区别的。定制营销之所以产生，主要是由于不同消费者的需求存在区别，而传统的批量化生产模式无法满足其个性化需求。概括而言，定制营销的鲜明特征在于，企业需要听取消费者的想法及意见，并以其为参考组织生产。

一方面，日益激烈的市场竞争以及商品和服务严重的同质化现象，对企业的市场营销活动提出了更高的要求；另一方面，互联网的发展普及正不断重塑消费者的行为习惯和消费诉求，推动消费者从单一被动的角色转变为积极主动的价值共创者。

由此，企业的营销职能也要进行相应的转变。面对海量的商品，很多时候消费者本人也并不清楚哪种更适合自己，或者无法找到能满足个性化需求的产品，而只能将就于规模化的标准产品。这就要求企业的营销功能从单纯满足大众市场需求，转向创造、引导和满足个性化的消费诉求。其中，“个性化定制”和“互联网”是两个核心要素。

◆ 定制营销的内涵

定制营销（Customization Marketing），即在大规模生产的基础上，通过对需求市场的不断细化分割，将每一位顾客视为一个细分市场，进而根据顾客的个性化需求进行营销组合，以满足每位顾客特定需求的一种营销方式。与传统的手工定做不同，定制营销是在标准化的大规模生产无法满足消费者多元化、个性化需求的情况下提出的，是根据顾客特定要求单独进行产品的设计、生产和交付的一种营销模式。

定制营销的核心价值和优势是能够创造、引导和满足顾客的个性化需求，为企业带来高于规模化产品的收益回报。早在 1993 年，B. 约瑟夫·派恩（B. Joseph Pine II）就在《大规模定制：企业竞争的新前沿》中提到了大规模定制业务的兴起；随后，越来越多的传统企业开始尝试定制营销策略并取得了巨大成效。虽然各个企业在定制营销方面的创意和运营有所差异，但都是以先进的互联网技术平台为支撑进行营销模式的创新的。

◆ 定制营销的主要特征

总体来看，定制营销包括以下四个特征：

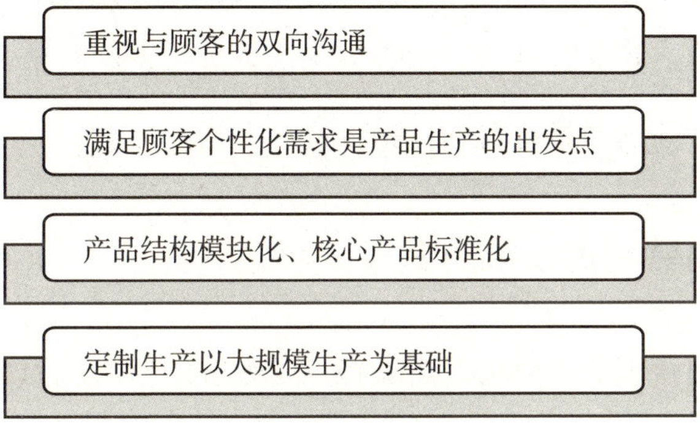

图 7－1　定制营销的主要特征

（1）重视与顾客的双向沟通

定制营销解决了传统营销中信息单向传递、营销人员与顾客无法沟通的问题，强调“双向信息交流”的交互沟通，通过企业与消费者的实时充分互动及时获取市场变化信息和顾客消费数据，为企业决策提供坚实的数据和信息依据。

（2）满足顾客个性化需求是产品生产的出发点

市场营销的出发点和归宿是消费者的需求，而定制营销能够帮助企业真正实现以消费者为中心、基于顾客个性化需求提供精准的商品或服务。

（3）产品结构模块化、核心产品标准化

定制营销的核心是在不增加成本的情况下为顾客提供更为丰富多元的产品，实现节省成本与满足个性化需求之间的平衡，以获得营销优势和经济价值。由此，企业需要构建产品结构模块化、核心产品标准化的柔性生产模式和流程。

（4）定制生产以大规模生产为基础

为满足个性化需求的定制生产必然会增加企业成本，而解决方案是实现定制生产的规模化。即企业将产品分解为可以进行规模化生产的标准模块，然后通过不同的模块组合为顾客提供个性化的产品或服务。从这一角度来看，并非每种产品或服务都适合进行定制营销，企业要结合具体的产品特性选择最适宜的营销方式。

◎ 定制营销的主要方式

采用定制营销的企业可以产品特点及顾客的参与度为依据对定制营销方式进行选择。具体来看，定制营销方式有四种，分别是合作型定制方式、适应型定制方式、选择型定制方式和消费型定制方式。

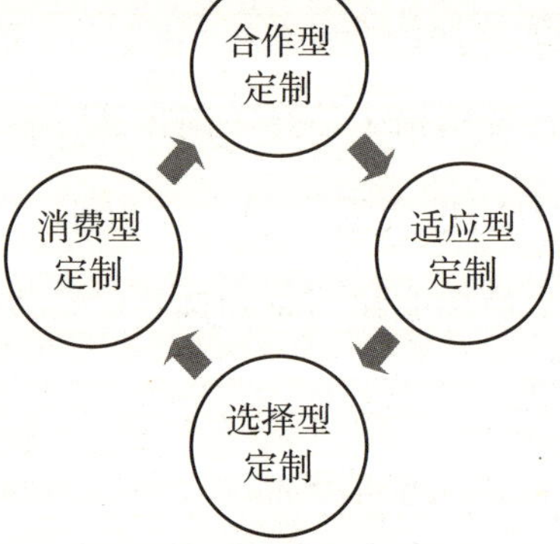

图7－2　定制营销的四种方式

（1）合作型定制

如果产品结构较为复杂，零部件的样式及种类比较多，顾客在选择的时候无从下手、犹豫不决，不知道哪种产品适合自己，能满足自己的需求时，可采取合作型定制方法。企业与顾客直接沟通，向顾客介绍各种零部件的功能，帮助顾客做出选择，并在最短的时间内将定制产品交到顾客手中，使顾客的个性化需求得到极大的满足。

（2）适应型定制

如果产品结构比较复杂，顾客的参与度较低，企业不能通过与顾客沟通获取解决方式时，可采取适应型定制方式。顾客可根据场合需要和功能需要自行对产品进行调整和组装，来满足特定需求。

（3）选择型定制

在产品结构比较简单，产品用途较为统一，顾客的参与度较高，企业能通过与顾客沟通获取设计要求的情况下，企业可采取选择型定制方式，让定制产品表现出不同，以满足顾客的个性化需求。

（4）消费型定制

在顾客参与度较低的情况下，企业可采取消费型定制方式，通过对消费者进行调查来获知消费者喜好，以其喜好为基础定制一系列产品来满足消费者的个性化需求，以达到增加销量的目的。消费型定制方式有一定的适用条件，适用于那些不愿意或者没时间参与产品定制，但其消费行为又非常容易识别的消费者。

通过这几种定制营销方式，首先，企业将顾客至上的营销理念充分体现了出来，借助一对一营销使消费者的个性化需求得到了极大的满足，使企业的竞争力得以有效提升；其次，借助以销定产模式，企业的投资风险减小，投资成本下降；最后，借助这几种定制营销方式，企业创新与消费者需求、市场需求结合在一起，为企业发展提供了源源不断的助力。

◎ 定制营销的四大优势

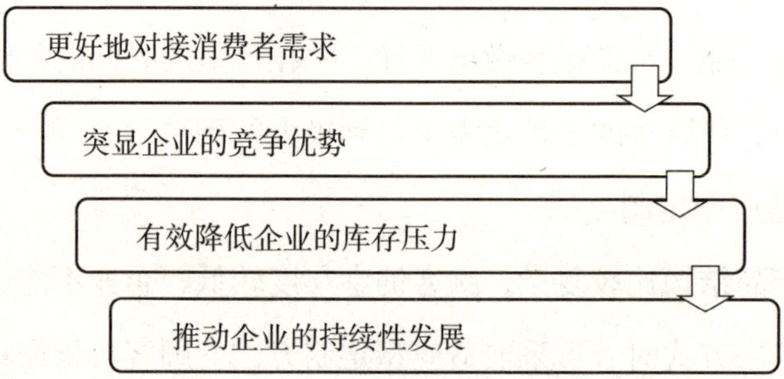

图7－3　企业定制营销的四大优势

◆ 更好地对接消费者需求

定制营销自身的属性使其能够更好地对接消费者需求，因为采用定制营销的企业会在产品设计、研发、生产及推广过程中采纳消费者的意见，因此，定制营销模式下输出的产品能够符合消费者的期待。

通过采用定制营销模式，企业经营的产品可以满足消费者的个性化需求，其产品就能获得消费者的青睐及市场的认可，如此一来，企业就能从众多竞争对手中脱颖而出，并能保证产品的销售。最终，企业不仅可以通过该模式的实施建立良好的品牌形象，提高品牌知名度，还能增加利润。

◆ 突显企业的竞争优势

企业在实施定制营销模式的过程中，能够对消费者的需求有充分的了解，并在此基础上向市场输出相对应的产品。企业也能通过这种方式体现自身营销的独特性，提高自身的竞争实力，使企业获得更加长远的发展。

以“清扬”洗发水为例，该产品在营销环节就实践了定制营销模式。一方面，根据性别的不同，“清扬”包括两大类：男士洗发水与女士洗发水，这就是独特定制的一种体现；另一方面，无论男女用户，其发质也存在明显区别，清扬在充分了解人们发质特点的前提下，据此生产出针对不同发质的洗发水产品。如此一来，该品牌的洗发水在营销方面的针对性大大增强，能够对接消费者的多元化、个性化需求。通过采用定制营销模式，“清扬”既有效提高了产品销量，获得了更多利润，也体现了产品的独特性，突显了自身的竞争优势。

◆ 有效降低企业的库存压力

企业只有不断完善自身供应链体系，对库存管理进行优化，才有可能实现“零”库存。要想达到“零”库存，企业必须做好产品流通过程中各个环节的管理工作，确保不同环节之间能够实现无缝对接。从目前的发展情况来看，有相当一部分企业在管理方面存在很多问题，定制营销模式进行调整与改革是企业唯一可采用的策略。

相比之下，定制营销能够使企业以消费者需求为参考进行产品研发，组织后续的生产及营销活动。产品输出后，企业根据消费者的实际需求为其提供相对应的产品，在该模式下，产品流通的进程大大提高，能够省略掉中间许多冗杂环节，促进企业提高管理效率；另外，定制营销能够使企业按需定产，企业无须面临大量库存压力，也不会出现产品滞销的情况。企业在此基础上才有可能实现“零”库存。

因此，在定制营销模式下，企业能够将“零”库存从单纯的概念转化为现实。采用定制营销模式的企业，能够在运营过程中加速资金周转，与此同时，企业的库存压力大大降低，能够节省在产品存储环节的成本消耗，并且在企业的品牌打造及营销方面投入更多资金，不断完善自身服务体系，逐步向健康、稳定的方向发展。

◆ 推动企业的持续性发展

企业要获得持续性发展，必须在维持正常运营的同时，不断进行创新。企业的创新分为三个层面：

(1) 技术创新。促进企业加速生产，还能减少企业的整体成本消耗。

(2) 体制创新。优化企业自身管理体系，强化企业对运营过程中各个环节的把控，提高整体工作效率。

(3) 思想创新。管理层与员工的思想创新，其中管理层进行思想上的创新，能够为企业的发展提供更加合理的方向指引，员工进行思想上的创新能够促使其发挥自身潜力，与其他团队成员合作，为促进企业发展的共同目标而努力，从而提高企业整体业绩。

企业在实施定制营销模式的过程中，肯定需要采取创新性举措。原因在于，如今消费者的需求具有鲜明的个性化特点，为了满足其需求，企业必须改革传统营销方式，进行创新。有益的创新能够为企业发展起到积极的推动作用，使企业的生产、运营及管理都与市场整体环境相适应。

◎ 企业实施定制营销需要注意的问题

◆ 需处理诸多市场问题

采用定制营销模式的企业需将个体消费者视为细分市场，为所有消费者提供满意的产品与服务。为了做到这一点，企业需提前做好市场调研方面的准备工作，在营销过程中还需处理各类市场问题，这将导致企业承担更多的市场风险，其成本支出也会提高。

尽管定制营销能够吸引更多消费者，但所有计划实施定制营销模式的企业，都应认识到市场工作的繁重，并采取恰当的应对措施。

◆ 产品差异化不明显

定制营销可满足消费者的个性化需求，使产品具有明显特色。然而，按照现阶段下的科技发展情况来看，产品的差异化并不十分明显。有些产品刚刚推出后能够以其独特性吸引消费者的目光，但过不了几天，同类产品就会纷纷涌现在市场上。为了维持自身运营，企业将在服务顾客的过程中处于十分被动的地位。

◆ 需要信息系统的支持

定制营销针对的是所有个体消费者，为此，企业需要在充分把握市场需求的基础上安排自己的生产。而消费者的需求并非一成不变，这意味着企业需要及时了解外部市场环境以及消费者需求的变化，掌握最新的需求信息。

为此，企业应具备先进的信息系统，能够及时收集并分析市场环境变化下产生的各类数据，从而为企业提供最新数据信息。然而，根据现阶段的发展情况来分析，除非企业拥有足够实力，否则，很难打造出这样的信息系统。

◆ 需具备“柔性”生产线

采用定制营销模式的企业，为了使自己的生产及经营符合市场需求，就要缩短产品周期，不断进行产品更新。按照以往的生产模式，企业自转产环节需投入大量的生产力及资源，与此同时，企业承担的市场风险也会大大提高，因为市场需求的变化很快，最终企业输出的产品很可能已经与消费者需求脱节。

要解决这个问题，企业需对原有生产模式进行改进，提高生产线的灵活性。因此，企业需投入更多资金用于生产线的改造及建设。

7.2 企业如何实施个性化定制营销策略

◎ 始终以消费者的个性化需求为中心

随着经济的发展，个人可支配收入的增多，消费者需求发生了很大的变化。曾经为人们带来极大满足的以标准化、规模化生产方式生产出来的产品正在逐渐失宠，一些个性化的产品正逐渐备受青睐。面对这种情况，为了满足消费者的个性化需求，很多公司开始将同种营销方法调整为定制营销。

定制营销是企业以大规模生产为基础，将每位顾客都视为一个细分市场，以个人需求为依据对市场营销进行优化组合，使每位顾客的需求能得到极大满足的营销模式。其目的是借助信息技术及数据库等工具对单个消费者进行分析，针对其个性化需求构建完整的消费者档案，为其定制个性化产品和服务，与消费者建立长期合作关系，以获取终身价值。其内容主要包含以下几个方面：

◆ 把每位顾客都视为一个细分市场

企业要满足顾客需求就要对市场进行划分，定制营销可以视为市场划分的最高阶段，也就是说，每位顾客都可以视为一个细分市场。在大

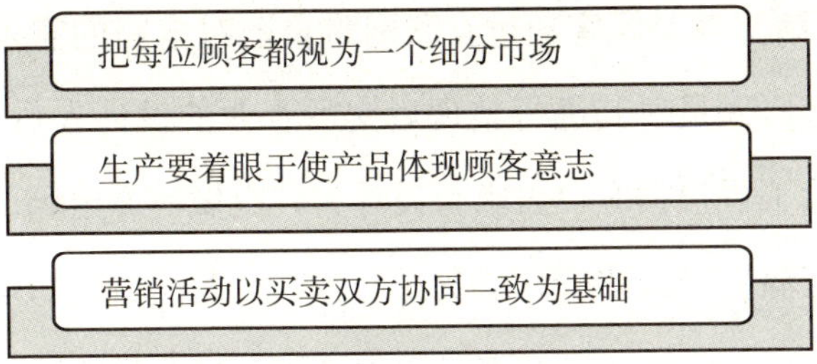

图 7－4　定制营销的主要内容

规模生产模式下，企业虽能为顾客提供丰富的产品及服务，却不能很好地满足顾客对产品及服务的个性化需求。企业为了在获取规模效益的同时满足消费者的个性化需求，而采取了定制营销。所以，定制营销既可视为一种新事物，也可视为定制的高级形式。

◆ 生产要着眼于使产品体现顾客意志

在营销过程中，企业最重要的任务就是发现消费者需求，采取适当的方法满足消费者需求。在这个过程中，发现需求是满足需求的前提条件。如果不能精准地发现消费者需求，生产出来的产品就会陷入无人问津的尴尬境地，就无法实现商品流通的最后一环，将无法产生价值。

定制营销的推行与应用有效地改善了这一情况。因为在定制营销模式下，顾客能参与产品设计，对于这种产品，顾客有强烈的期待。无论这款产品最后能否满足顾客需求与期待，顾客都会与生产企业联系，对于生产企业来说，这种来自顾客的反馈信息非常珍贵。

◆ 营销活动以买卖双方协同一致为基础

在定制营销领域，戴尔电脑是绝对的领跑者。在十多年前，迈克尔·戴尔就投资 1000 美元用于个人电脑的生产与销售，现今，戴尔电脑已成为全球第二大 PC 供应商，在美国排名第一。

“定制电脑”就是顾客通过互联网将自己对电脑的需求与设计告知客服人员，客服人员对其进行整理后交由企业的设计人员及生产人员，这两类企业员工再根据客户需求与设计为其定做一款电脑。

在这种定制生产模式下，消费者与生产厂商的协同始于产品设计阶段，而非产品交易阶段。以这种协同为基础，企业与顾客之间的关系能得以有效调整，企业的营销活动能迎来一个和谐、有利的环境。

定制营销并不是一个与大规模生产相矛盾的概念，反而要以大规模生产为基础。以日本松下公司为例，该公司以大规模生产方式生产自行车，同时又采取定制方式来满足消费者的个性化需求。顾客到松下公司旗下的自行车商店购买自行车时，店员会对顾客的特殊需求进行测量，将测量结果实时传送到自行车生产工厂。

松下的自行车生产工厂收到店员传来的数据之后，将其录入计算机。在自行车生产的过程中，计算机会自动指导机器和工人按照顾客提供的数据进行具体操作。该工厂为顾客提供了多种颜色和型号方面的选择，仅颜色就有 199 种，自行车型号有 18 种，以这些型号和颜色为基础，自行车能产生 11231862 种变化，且不论尺寸。在这种定制模式的支持下，顾客的个性化需求得到了极大满足，企业的生产成本有所降低，供货时间得以缩短，一举多得。

◎ 构建基于定制营销模式的管理措施

定制营销自诞生以来，其发展历程仅为 30 年，因此，该模式的应用至今还存在许多不足之处。采用定制营销模式的企业，在今后的发展过程中，需要通过自身实践促使其不断完善。那么，企业应该采取什么管理措施来完善定制营销呢？这里总结出如下五个方面：

图 7－5　基于定制营销模式的管理措施

◆ 打造完善的信息收集系统

企业可利用先进的信息系统来获取市场需求信息，定制营销在实施过程中，需要海量的市场信息及精准的信息分析结果作为参考，为此，企业需要在市场调研环节做好充分的准备工作。若企业能够建立完善的信息收集系统，就能处理好这些问题，不过，这需要企业具备足够的资金实力，能够为信息系统的建设提供支持。

为了提高信息的准确性及全面性，企业的信息收集系统可分为两部分：一部分由专业团队负责到市场上了解消费者信息，能够确保信息的真实性；另一部分则通过网络渠道获取，扩大信息覆盖面，并且能够提高信息收集效率，有效节约企业在这方面花费的时间与精力。

不过，通过网络渠道获取的信息无法保证其真实性，需要企业提高识别能力。无论是采取哪种方式收集信息，调查问卷都是最普遍的手段。另外，企业的信息收集系统应敏锐感知外部市场需求的变化，能够在短时间内完成信息收集及深度处理工作。

◆ 建设专业的产品设计队伍

采用定制营销模式的企业，在设计产品、组织生产时都要以消费者的个性化需求为参考。而在具体实施过程中，企业需要从理念、操作等各个方面加以配合，比人们想象中要复杂得多。

不同于其他营销方式，定制营销需在产品设计方面投入更多时间及精力，克服种种困难，从而对接消费者的个性化需求。为此，企业应该组建一支专业的设计队伍，专门负责产品设计，依据消费者需求来提高产品的附加值。

相比之下，配备专业产业设计团队的企业，在与同类企业竞争时更具优势，更能把握发展先机，增强自身发展的持续性。

◆ 改造生产和产品供应系统

在实施定制营销之前，企业需要对以往的生产线进行相应改造，使其符合个性化产品的生产需求。

经过改造的生产线，无须在转产环节消耗过多的企业资源。而企业以往的生产线并不能达到定制营销的标准，为此，企业需实施改造，用先进的生产设备代替传统模式下的老旧设备，除了要对生产线进行改革之外，企业还需对其供应体系进行适当调整。

在传统模式下，供应商只负责向消费者提供产品，但在定制营销模式下，供应商除了要负责产品供应，还需拥有简单的加工能力。即通过对产品进行一定程度的调整，使其更符合消费者的需求。

◆ 为顾客提供满意的服务

企业需充分认识到服务的价值，特别是在当今时代下，商品越来越趋向于同质化，服务就逐渐成为不同企业间竞争的重点。服务水平高的企业更能够获得顾客的青睐。

因此，采用定制营销模式的企业，不仅能够生产个性化产品，还能为消费者提供独特的服务，提升消费者的体验。这就要求企业在整个运营过程中的各个环节都将消费者作为核心。当消费者认可企业的服务时，就会支持企业的运营，最终被培养成企业的长期顾客，并将企业的产品推荐给其他人。

提供高质量的服务不仅有利于企业形象的树立，还能推动企业受益的增加。为此，企业需不断完善自身的服务体系，不过在这个过程中，企业需要注意的一点是，要明确自己的举动能否带来预期的效果，即企业通过改善服务是否能够获得用户的认可，从而提高公司业绩。

◆ 吸纳专业人才

在现代社会中，人才对企业发展的重要性不言而喻，随着社会的发展，人才的价值将愈加突出。企业想要提高核心竞争力，就必须加强人才储备，包括定制营销在内的所有领域的发展都离不开专业人才的支持。

因此，企业不仅要关注市场竞争，还要展开在人才方面的布局。因为企业的人才配备不仅能够在当前推动其发展，还能对企业今后的发展走向起到重要的影响。这意味着，在人才方面占据优势的企业，将在与其他企业竞争中掌握更多的主动权，这使得企业能够始终巩固自身的发展地位。

如今，企业的产品研发、设计、生产及营销的出发点都是对接消费者需求。随着社会的发展，经济水平的提高，消费者的消费能力及消费水平不断提高，其标准也不断提高，这就给企业的生产及运营带来了挑战。定制营销就是在这样的背景下产生的，如今越来越多的企业正尝试通过定制营销使产品满足消费者需求。

在外部市场环境变化的驱动下，定制营销的应用范围会不断拓宽。在今后的发展过程中，企业会将定制营销作为必不可少的一种营销方式。若企业能在探索中使定制营销走向成熟，就会在实践过程中取得良好的发展成果。

然而，目前只有少数企业能够真正落实定制营销，即便是声称采用定制营销的企业，也多半只能实现其中的一部分，之所以存在这样的问题，是因为企业现有的发展情况还达不到定制营销的标准，再加上外部市场环境的影响，导致企业无法真正将定制营销落到实处。

◎ 企业成功实施定制营销的四大策略

互联网的不断发展普及为企业进行定制营销提供了坚实的基础支撑，不过要想让定制业务真正落地，关键还在于营销策略的成功。对习惯于传统营销的企业来说，定制营销的双向互动和即时性等特质，要求企业打破传统营销思维的束缚，制定出更具创意的营销策略。

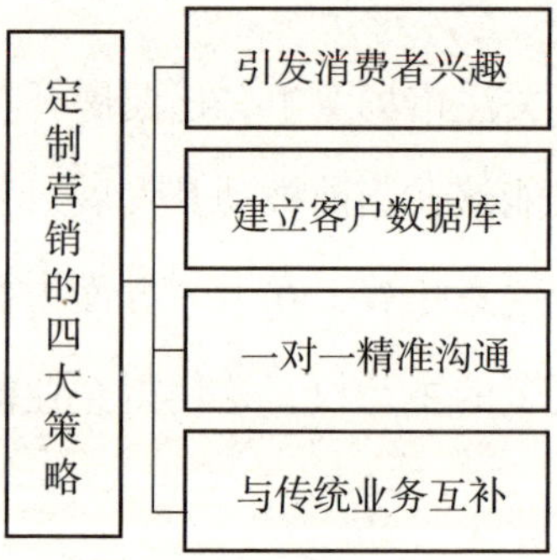

图7－6　定制营销的四大策略

◆ 策略一：引发消费者兴趣

消费者青睐定制产品的原因是能够彰显自我个性，从中获得更大的满足感和价值体验。因此，并非所有商品都有定制的价值，如纸巾、酱油、螺丝刀等功能不强且缺少丰富文化底蕴的产品很难引起消费者的定制兴趣。

从这一角度来看，定制营销模式成功的首要策略是能引发消费者的兴趣。例如，全球最大的食品生产商美国玛氏公司于 2004 年推出了 M&M 巧克力定制业务。顾客不仅可以选择自己喜欢的颜色，还可以在糖果一侧印上自己的口号，另一侧则需要保留“M”的标志。

这种定制巧克力的价格是普通巧克力的 5 倍，起订数量不能低于 4 包，而且顾客要 15 个工作日才能拿到。即便如此，这种定制巧克力依然吸引了众多消费者的追捧。究其原因，在于玛氏通过定制业务，将原本普通的巧克力糖果转化成了个性化的零食、有情趣的聚会小点心、大型活动的宣传工具或送给朋友爱人的礼物，从而赋予了巧克力糖果新的内涵和意义，引起了消费者的兴趣。

◆ 策略二：建立客户数据库

企业开展定制营销活动，还需建立庞大、精准的客户数据库。这一方面有利于企业更精准充分地与顾客进行沟通交流，及时处理订单；另一方面极大地简化了顾客再次购买时的操作流程，从而刺激顾客进行重复消费，提高品牌“黏性”。

例如，美国休闲运动服装品牌 Lands'End（地极公司）研发了一系列用于计算人体尺寸的程序。当顾客在网上选购服装时，只需提供自己身体各部位的尺寸，这一计算程序就会根据地极数据库中的资料立刻构建出一个与顾客精确匹配的体态模型，随后生成的订单将直接传送给生产商制作成产品并快递到顾客手中。

虽然价格比标准尺寸贵了 20 美元，但地极公司超过 40% 的顾客都会选择定制服装，因为除了首次定制时需要提供详尽的信息，以后再次下单定制将变得十分简单。此外，地极建立的客户数据库包含年龄、性别、籍贯、家庭情况、体型数据、爱好特长等各方面的信息，因此也有利于公司精准把握顾客的个性特质、行为习惯、消费偏好等内容，从而更有效地开展定制营销活动。

◆ 策略三：一对一精准沟通

在传统营销调研中，企业多是通过问卷调查、走访观察、焦点小组讨论、分析订单特点等方式获取客户信息和消费诉求。不过，受环境、情绪等各种因素的影响以及调研方法本身的误差，企业通过这些方法得到的信息并不精准，甚至是信息失真。

与此不同，定制营销是将每位消费者都视为一个细分市场进行分析，通过与每位顾客一对一的精准沟通，全面、准确地把握顾客对产品的期待和要求，进而最大限度地满足每位顾客的个性化诉求。因此，一对一精准沟通也是定制营销成功的必需策略，通过充分满足消费者的个性化需求深度激发他们的消费欲望。从这一角度而言，成功的定制营销必须做到让每位顾客都获得100%的满意度。

◆ 策略四：与传统业务互补

海尔公司曾在线上商城中推出“我要我设计”手机服务DIY大赛，参赛用户自主设计手机服务组合，然后由网友投票选出最受欢迎的设计方案，获胜者将获得上网本和海尔手机等奖品。这种营销创意是对传统营销模式的有效补充，不仅可以让参赛的消费者体验到设计手机的成就感和满足感，还可以帮助公司全面、精准地了解消费者对手机服务的诸多需求，大幅提高网络商城的用户忠诚度。

不过，严格来讲海尔的这种大赛营销模式并不是真正意义上的定制营销，因为消费者并没有获得自己设计的手机产品。定制营销不仅可以满足顾客对产品的个性化诉求，还能与传统业务形成互补，推动标准化产品的销售增长，并帮助企业基于市场变化不断优化改进自己的标准化产品。例如，运动鞋品牌耐克的一些新品设计灵感就来源于定制服务中的客户创意，从而在开展定制业务的过程中带动传统业务的增长。

◎ 传统企业定制营销面临的主要挑战

定制营销虽然是一种更有效、能够创造更多价值的营销模式，但也不是所有企业都适合或者有能力去做，因为定制业务是以互联网、大数据、云计算等为基石和支撑的，要求企业具有较强的信息化和网络化能力。

大致来看，开展大规模定制营销的企业至少要具备三个条件：一是企业在产品设计和品牌文化方面具有一定的市场影响力；二是企业具有较强的创新能力和基础实力，能够为消费者提供数量庞大、品类丰富的配件或配方组合，让消费者获得更好的选择体验；三是企业要有战略眼光和长远规划，不能急功近利。

2005 年，全球最大的日用品公司宝洁将收购和运营了 6 年的 Reflect. com 网站关闭。该网站是一个提供美容产品个性化定制服务的平台，宝洁公司曾为此投资了 6000 万美元，而其最终关闭该平台的原因主要有两个：

一是公司没有做好市场分析，美国消费者并不愿意花费大量时间采购唇膏、香水、护肤露之类的小商品，而是倾向于周末购物时直接在沃尔玛或 Target 等大型超市一起购买；二是宝洁公司收购 Reflect 的主要目的是为了学习定制营销经验，推动公司传统品牌的销售增长，此后宝洁旗下的彩妆品牌 Cover Girl 在定制营销方面的成功也充分证明了这一点。

总体来看，传统企业进行定制营销至少要面临以下四个挑战：

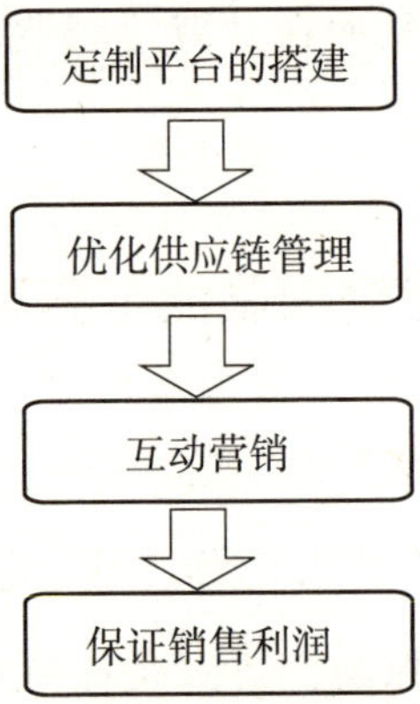

图7－7　企业定制营销面临的四个挑战

◆ 挑战一：定制平台的搭建

定制营销模式是以互联网、大数据、云计算等为基础和支撑的，这就需要企业首先搭建定制平台，与消费者进行实时双向沟通，从而有效吸引顾客、促发消费行为；其次定制平台的搭建需要专业技术，平台运营也离不开具有创新能力的互联网人才，因为网站的整体设计、产品的组合呈现、顾客的观看角度等，都会对消费体验造成直接影响。

如果企业缺乏令人眼前一亮的优秀创意，就很难引起消费者的体验兴趣，自然也无法获得定制营销的价值。因此，传统企业开展定制营销活动首先需要解决人才问题，以成功搭建和运营定制平台。

◆ 挑战二：优化供应链管理

个性化定制要求企业能够灵活、快速地处理客户订单，因此对供应链管理提出了更高的要求：企业要建立高效的供应链信息系统，增强智能化管理运营能力，以便基于顾客订单和库存情况及时明确采购何种原材料、采购数量、从哪里出库、由谁跟进等各方面内容。然而，当前很多传统企业还难以做到采购、仓储、生产、物流等各个流程的高效管理。

◆ 挑战三：互动营销

定制营销将每一个消费者视为一个细分市场，需要企业具备针对每位顾客的实时沟通和反应能力，因此定制营销的关键在于实时与双向互动。特别是随着移动互联网和智能手机的发展普及，“人人都是自媒体”，对企业来说每个消费者都是信息创作和传播的主体，都可能对品牌形象产生好的或坏的影响。这就要求企业与每位消费者进行实时互动沟通，及时发现和处理顾客意见，规避潜在风险。

例如，戴尔公司推出了名为“第二人生”的个人数码产品定制网站，注册用户不仅可以观看到产品生产、配送的全过程，还能通过该平台参与到戴尔产品的设计环节，体验到“我的产品我做主”的愉悦感和成就感，因此受到众多消费者的青睐。可见，定制营销成功落地的一个关键是企业能够有效利用社会化媒体，吸引消费者主动、深度地参与到产品环节中，为顾客创造更好的价值体验。

◆ 挑战四：保证销售利润

定制产品迎合了人们的个性化消费需求，具有独特性，因此虽然价格相对更贵，但依然受到越来越多消费者的青睐。从深层次来看，定制业务其实是按需生产，是首先获取客户需求，然后在此基础上有针对性地安排生产运营。因此，企业开展定制业务必须实现低库存甚至零库存，如此才能真正体现出个性化定制的价值，保证经营利润。

定制营销的核心是创意性的产品设计和用户体验，至于其他环节则可以采用外包的方式，如此才能充分保证企业在面对消费者个性化需求时可以快速反应和生产。这就需要企业具有较强的外部资源整合能力，以顺利完成对供应商的筛选、对生产商的监控以及对物流商的管理等各个外包环节。

在互联网商业时代，定制营销成为很多企业摆脱价格战困境、提高竞争力和顾客满意度的一种有效路径。通过定制业务吸引消费者参与到产品的研发、设计过程，不仅能使消费者获得更加满意的商品，体验到更高层次的愉悦感、满足感和成就感，也有利于企业精准把握和深度挖掘顾客的消费诉求，实现以销定产，从而获得更大的收益回报。

个性化定制作为一种创新性的互联网商业模式，是未来电子商务的主流形态，具有巨大的发展潜力和价值想象空间。当然，从目前来看，个性化定制模式仍处于探索、创新、培育的起步阶段，要想真正走向成熟完善，还需要众多传统企业的不断参与以及各方面的积累沉淀。

7.3 定制营销在传统行业的应用实践

◎ 定制营销在家具行业的应用

随着市场经济的发展，制造业脱离了工业时代，进入了信息时代。在这个时代背景下，传统制造企业所面临的市场环境发生了巨变：市场越发多元化，市场需求越来越多变，卖方市场转向了买方市场，客户对产品的要求越来越高，生产企业为其提供的多样化产品已不能满足其需求；新型生产技术的更新速度及扩散速度越来越快，产品的生命周期越来越短。这一切变化都使传统营销赖以生存的基础大为动摇。

为了做好产品营销，各商家纷纷采取降价促销的方式打起了价格战。在热火朝天的价格战冷却下来后，企业和商家才认识到只有差异化的、个性化的产品才能吸引顾客，占领市场，获取利润，助力企业发展。

经过重重探索，企业发现只有借助大规模定制营销，以个性化的产品和服务吸引顾客，满足顾客需求，规避与其他企业的竞争，才能为企业赢得核心竞争力，才能使企业在激烈的市场竞争中立于不败之地。

大规模定制包括两层含义：一是大规模，二是定制。也就是说，企业采用大规模定制，既能获得规模生产那种低成本、高效率优势，又能像单件生产一样满足单个消费者的个性化需求。

大规模定制不是凭空出现的，有其丰富的理论基础，其理论基础是人们对产品功能的需求兼具共通性与歧异性。共通性指的是即便消费者不同，其需求也各有不同，但其在某些方面的需求是非常相似的，具有共性；歧异性指的是消费者不同，其对产品的要求也不同。针对共通性需求，企业要实行大规模生产；针对歧异性需求，企业要实行定制生产。

现阶段，很多企业都采取了大规模定制营销策略，其中的典型企业分析如下。

大规模定制模式的推行要求零部件具有标准、规范、通用的特点。

模块是某种功能特定、接口结构特定、能构建系统的通用独立单元。家具模块就是能组成家具产品、功能特定、接口结构特定、能实现批量生产的通用零部件。家具模块可进行单独设计、单独制造，可预制储备来应对急需情况，可借助规模化生产来降低成本，可以由专业厂家制造作为商品进行流通。从这些方面来看，家具制造业拥有推行定制营销的条件。

在国内，尚品宅配推出了家具定制化服务，这个在全国拥有800多家门店的公司，以为消费者提供住宅配套设施为服务内容，以时尚品位为公司的品牌定位，在成立之初就采用了LAF生产模式（LAF生产模式将新技术与新组织结构汇聚在一个新型的生产系统中，能实现快速管理和柔性管理），并引入了数码家具定制技术，为客户提供家具定制服务。

客户在尚品宅配选择家具定制服务，可根据自己的喜好制定一整套风格、颜色统一，尺寸大小合适的家具，保证家装风格的一致性。现如今，尚品宅配的家具定制服务已发展得非常成熟，服务模式不断完善，能为用户提供“3房2厅全屋家具定制”服务。

家具模块化设计以分析家具功能为基础，对家具的功能模块进行设计和划分，对功能模块进行选择，将其组装成不同的家具，以满足多元化的市场需求。家具模块化设计的基础是定义模块、组织模块，对于特定的产品和系统来说，模块划分要遵循以下原则：

第一，对产品族进行划分。模块划分要以产品族为依据，先对产品族进行分析，再对其中的模块进行确定。

第二，产品设计制造的重复性。模块化设计是以产品的大批量生产和制造为目的的，因此，模块划分要以设计制造过程中的重复性为依据，将使用频率高的零部件设置为模块。

第三，产品的全生命周期。模块化设计要以缩短产品的开发设计周期为目的。家具模块可以分为三种类型，分别是功能模块、单元模块和结构模块，这些模块要具备标准化、通用性、系统性的特点。

◎ 定制营销在汽车行业的应用

随着经济的发展，在大规模生产方式的推动下，汽车行业供不应求的时代已成为过去，供过于求的时代正式来临，卖方市场开始转向买方市场。大众化营销提倡以产定销、标准化生产，在这种生产模式下，顾客的差异化需求及个性化需求难以得到满足。顾客对汽车产品的满意度不佳，严重影响了汽车行业的营销效果，也影响了汽车产业的健康发展。为了应对该问题，国外部分汽车制造企业率先采用了大规模定制营销方式，在汽车行业掀起了一场营销革命。

一汽大众于 2005 年 9 月将大规模定制化营销方式用于奥迪轿车的生产与营销。大众厂家为用户提供了 7 款技术包、8 种颜色、20 个单选装备供其选择，如果对这些元素进行排列组合，从理论上讲，用户可在 7840 款奥迪轿车中选取一款符合心意的汽车。

日产公司为满足顾客的个性化需求提出了“五个 A”计划，其内容是Anyvolume（任何批量）、Anytime（任何时间）、Anybody（任何客户）、Anywhere（任何地点）、Anything（任何车型）。也就是要在任何时间、任何地点满足任意一位客户的车型需求及批量需求。

借助大规模定制营销，企业获得了一种新的竞争优势，在这种竞争优势的支持下，企业不仅能获得成本优势，还能满足客户对产品的歧异性需求。因此，在21世纪的汽车制造领域，大规模定制营销成为最主流的营销趋势。

大规模定制营销作为一种新型营销模式，相较于传统营销方法来说，其在营销理念、营销组织、营销手段方面有显著差异。

（1）营销理念方面的差异

在大规模生产模式下，汽车企业的营销是以产品为中心开展的，其直接表现是：工厂负责汽车生产，销售部门负责汽车营销，营销方案要根据库存决定。这种营销模式最鲜明的特点就是：在买卖过程中，汽车厂家非常强势，客户处于弱势地位，汽车厂家生产什么、销售什么，客户就要买什么。

在大规模定制营销模式下，汽车厂家为客户提供各种配置选择，客户根据自己的喜好选择汽车配置，填写订单，厂家根据客户订单安排生产。这种营销模式将客户地位提前，产品生产由厂家和客户共同决定，将客户放在营销的中心位置，提升了其满意度。

（2）营销组织方面的差异

在大规模生产模式下，汽车制造企业在组织生产活动之前，首先预测未来的市场需求，将其与自身的生产能力相结合，然后再组织生产。待汽车生产出来之后，再借助多样化的销售渠道开展推动式营销，将产品送到消费者手中。

在大规模定制模式下，汽车制造企业在组织生产活动之前，首先借助电商平台与顾客直接沟通，获取顾客的真实需求，然后再组织生产。这是一种由顾客需求拉动的订单生产方式，在这种生产方式的支持下，汽车营销能减少中间环节，降低顾客定制汽车的成本。

（3）营销手段方面的差异

在大规模生产模式下，汽车制造企业采用的营销方式是先生产、后销售，由于生产活动是根据市场预测来组织的，当市场预测与市场现状发生较大偏差时，就会出现库存积压现象。面对这种情况，汽车制造企业为了回笼资金，就只能采取打折促销策略。因此，在大规模生产模式下，打折成了使用频率最高的促销手段。

在大规模定制模式下，因为汽车生产是根据客户订单组织的，不会出现库存积压问题，自然也不需要采用打折等促销手段，只需正常销售即可。

◎ 定制营销在服装行业的应用

很多现代服装企业的库存积压都非常严重，给企业运营带来了很大的风险。为处理库存，降低企业运营风险，很多企业都会采取打折促销方式，对库存积压产品进行降价处理。消费者在发现这一规律之后，都选择在换季的时候购买衣物，因为服装企业往往会在那个时候进行打折促销。

在新产品上市之初，消费者只看不买，将喜欢的产品收藏起来，待商家打折促销时再统一购买。在换季时，服装生产厂家为了处理库存、回笼资金进行打折促销，消费者面对这种促销活动会对产品的价格体系产生怀疑。诱发该现象的原因有两个：一是产品同质化现象严重；二是以产定销，造成了严重的库存积压。

要想解决这些问题，关键要协调好规模化生产和个性化需求两者之间的矛盾，最好的矛盾协调方法就是定制营销。相关数据显示，在国外，成衣与定制服装之间的比例关系正在改变，2002 年，美国的成衣销量下降 6%，日本的成衣销量持续下滑，欧洲 95% 的中产阶级都选择定制服装。服装定制极大地满足了消费者的个性化需求，成为服装消费的主流。

在中国，服装定制营销发展较为缓慢，但也有很多先行者，如型牌男装。

型牌男装为男士提供服装定制服务，包括衬衫、领带、裤子等。顾客跟随型牌男装的量体引导在家人或者朋友的帮助下量体，获取精确的身体数据，提交订单，15 天后就能收到衣服。另外，型牌男装还为顾客提供了“挑选样衣”和“个性化设计”服务，在“挑选样衣”环节，顾客能通过浏览网站挑选自己喜欢的款式，或者通过“选款顾问”来获取心仪的款式；在“个性化设计”环节，顾客可以自己设计衣服细节，或要求设计师在衣物某处绣上私人标识等。通过这种方式，型牌男装极大地满足了顾客对服装的个性化需求。

从理论的角度来讲，顾客可以采用服装定制来取代成衣购买，并且，互联网定制有效地简化了服装定制流程。要想实现服装产品的大规模定制营销，就要对产品进行模块化设计。型牌男装在运营之初就设计了两个模块：一是服装号型模块；二是服装样品模块。

首先，在服装号型方面，型牌男装为不同品种的服装提供了数量不等的号型，少则 500 个，多则 2000 个，顾客可以根据 3 个尺寸来选择适合自己的号型。型牌男装为了方便顾客选择号型，尊重顾客的穿衣习惯，防止顾客因对版型设计欠缺了解产生错误，使产品观感受到影响。因此，在选择号型时提供的尺寸是成品服装尺寸及顾客身体尺寸的结合体。据调查，通过这种方法，95% 的顾客能买到合体的衬衫，这个结果已达到了服装定制业务的市场平均水平。

其次，在服装样品模块方面。为了消除顾客对服装定制的担心，型牌男装将其经营的所有产品都制出了样品，拍摄成照片，放到网上商城供顾客预览。所有样品都有一定的面料库存，裁剪所用的纸样也已备好，生产文件已编制好，相应的辅料已配备好。只要顾客选定一款产品，提交订单，服装定制就能立即进入制作流程。

目前，型牌男装为顾客提供了两个定制维度，分别是型号和样品。以这两个维度为基础，无论顾客发出什么样的请求，型牌男装都能及时响应，将大规模定制生产落到了实地。这种方法创新了传统的量体裁衣业务及成衣业务，为服装行业的大规模定制营销做出了成功的示范。

◎ 定制营销在服务行业的应用

◆ 定制营销在保险业的应用

现如今，保险行业的竞争越发激烈，金融产业的个性化设计趋势越发明显，为了应对这种发展趋势，保险企业要创新营销方法和营销理念。从现有条件来看，较高的信息化水平、翔实的数据库资料、高素质的人才队伍，都为保险企业应用定制营销提供了保障。

在发达国家，保险行业的定制营销已非常常见，保险企业能根据顾客需求为其定制保险服务，如为足球明星马拉多纳的腿定制保险、为钢琴家克莱德曼的手定制保险、为伊丽莎白泰勒的眼睛定制保险等。但在我国，定制保险非常罕见。通常情况下，顾客只能根据保险公司的产品设计来购买保险产品，消费者的选择空间非常小，必需的保险需求得不到有效满足，反而获得了一系列附加的、无用的保险条款。从这个层面来看，我国保险业在应用定制保险方面拥有较大的发展潜力。

由于目前我国还没有典型的保险定制营销案例，下面主要对保险定制营销的步骤进行分析。一般来说，保险定制营销要按照以下步骤进行：收集顾客信息—为其提供保险产品—为其提供咨询服务—了解顾客需求—与顾客一起设计保险产品—实现保险产品的定制—顾客反馈、保险公司追踪服务。

（1）保险公司要对顾客信息进行收集。保险公司在开展定制营销之前要做到心中有数，率先对潜在顾客的相关信息及需求进行收集和整理。

（2）保险公司要为顾客提供有代表性的保险产品。保险公司收集顾客信息之后，要将其与公司优势及特点进行整合，设计出基本的保险模块，预留接口，将其与消费者的个性化需求衔接。

（3）保险公司要为消费者提供咨询服务。保险公司在推出基本的保险产品之后，要主动与潜在消费者联系，为其提供更具体的保险信息，推荐产品。

（4）保险公司要根据咨询结果及消费者对保险产品的具体需求，为消费者定制专属的保险产品。

（5）顾客反馈信息、保险公司追踪。顾客购买保险后，保险公司要对顾客及产品进行追踪，对顾客对保险产品的满意度、产品的出险情况进行详细调查，以对原来的保险产品进行优化改进，为消费者提供更优质的服务。

◆ 酒店公寓的定制营销

受现代酒店公寓特定功能定位的影响，酒店公寓不仅非常适合定制营销，而且定制营销也是酒店公寓发展的最佳出路。酒店公寓要做好定制营销工作，必须做到两点：其一，构建柔性化的服务系统；其二，为顾客提供完美的个性化服务。

（1）构建柔性化的服务系统

首先，要构建柔性化的服务系统，必须对模块化服务进行优化组合。在这里，首先要明确一个概念，定制营销中的“定制”与“无限选择”不同，它指的是通过对成千上万种标准零件或服务的巧妙搭配形成独具个性的产品。通过这种方式，不仅能为顾客营造一种无限选择的感觉，还能对复杂的制造流程及服务流程进行优化管理。

酒店公寓在推行模块化服务策略时，要以顾客为中心对其中的硬件设施及软件设施进行设计和整理。在这种情况下，只要顾客提出要求，酒店公寓就能立即对其做出响应，迅速对符合要求的硬软件进行组装，在最短时间内、最大程度上满足顾客需求。

（2）为顾客提供完美的个性化服务

酒店公寓柔性化服务系统构建的核心就是要为顾客提供完美的个性化服务，这种个性化服务涉及服务观念、运作机制、组织体制等方方面面的内容。那么，酒店公寓要如何才能为顾客提供完美的个性化服务呢？

首先，要做到细心，处理好服务细节。

其次，要做到用心，创新服务，做到出奇制胜。例如，要求服务人员记住顾客的名字，以名字称呼顾客，而不是以房间号称呼顾客。为入住频率较高的顾客建立个人档案，如顾客的早餐喜好、是否喜欢带窗户的房间等，将这些细节记入顾客的个人档案，为顾客提供更优质的服务。

现代酒店公寓要想提升竞争力，获得更多消费者的青睐，必须推行定制营销。酒店服务人员要站在顾客角度对服务进行反思、优化和改进，为顾客提供个性化的定制服务，以提升营销成功率。

综上所述，定制营销是一种新兴的营销方式，有鲜明的优势及旺盛的生命力。随着社会的发展、人们收入水平的提升，定制营销将成为营销领域的主流趋势。但是，当企业制定定制营销策略时，必须充分考虑消费者对产品的个性化需求，将其与企业自身实力相结合，对定制营销是否有利于企业发展、是否有利于企业目标的实现进行思考。在对这些问题进行充分考虑后，再制定定制营销策略，以保证定制营销策略的正确性和科学性。